D. JOÃO VI NO RIO

Voltaire
HENRIADA

Voltaire
HENRIADA
A edição de 1812 da Imprensa Régia

PREFÁCIO DE
Sergio Paulo Rouanet

Editora Nova Fronteira
Rio de Janeiro
2008

Título original: La Henriade

Direitos de edição da obra em língua portuguesa no Brasil adquiridos pela EDITORA NOVA FRONTEIRA S.A. Todos os direitos reservados. Nenhuma parte desta obra pode ser apropriada e estocada em sistema de banco de dados ou processo similar, em qualquer forma ou meio, seja eletrônico, de fotocópia, gravação etc., sem a permissão do detentor do copirraite.

A publicação deste livro foi possível graças à generosidade do Acadêmico Alberto Venancio Filho que cedeu a edição original de La Henriade, editada pela Impressão Régia do Rio de Janeiro em 1812.

PREFEITURA DA CIDADE DO RIO DE JANEIRO
Prefeito Cesar Maia

Comissão para as Comemorações da Chegada de D. João e da Família Real ao Rio de Janeiro

COORDENADOR GERAL
Alberto da Costa e Silva

SECRETÁRIO MUNICIPAL DAS CULTURAS
Ricardo Macieira

SECRETÁRIO EXTRAORDINÁRIO DO PATRIMÔNIO CULTURAL
André Zambelli

SECRETÁRIA MUNICIPAL DE EDUCAÇÃO
Sonia Mograbi

SECRETÁRIA ESPECIAL DE COMUNICAÇÃO SOCIAL
Ágata Messina Pio Borges

SUBSECRETÁRIO ESPECIAL DE TURISMO
Paulo Bastos Cezar

CONSULTORAS
Lilia Moritz Schwarcz
Lúcia Garcia

EDITOR RESPONSÁVEL
Sebastião Lacerda

PRODUÇÃO EDITORIAL
Daniele Cajueiro
Janaína Senna

FIXAÇÃO DE TEXTO
Maria Helena Rouanet

PROJETO GRÁFICO
Victor Burton

DIAGRAMAÇÃO
Natali Nabekura

AO LADO
Retrato de Voltaire.
Pastel de La Tour. {SÉC. XVIII}

François-Marie Arouet
{Voltaire}

A Henriada *no Brasil*

Sergio Paulo Rouanet

A reedição em 2008 da tradução portuguesa da *Henriada*, publicada em 1812 pela Impressão Régia, no Rio de Janeiro, confronta o prefaciador com duas tarefas: comentar o poema em si, e reconstruir o histórico da recepção no Brasil da obra de Voltaire em geral e da *Henriada* em particular.

Quanto à primeira tarefa, deve-se dizer que o poema, de início intitulado *A Liga*, é obra de juventude. Afirma-se que o jovem Voltaire teria composto um dos seus cantos em 1715, quando estava preso na Bastilha, mas a primeira concepção da obra deve ter vindo dos relatos feitos por um velho amigo, Louis de Caumartin, que ouvira do seu pai inúmeras anedotas sobre o reino de Henrique IV. A censura negou permissão para a publicação da obra, embora ela tivesse sido dedicada ao jovem Luís XV. Inconformado, Voltaire publicou a obra em 1723, numa edição clandestina. Seguiram-se várias edições, entre as quais uma feita em Londres, dedicada à rainha da Inglaterra.

VOLTAIRE

Voltaire na Bastilha
GRAVURA DE CHARON

Como o nome indica, o poema se destina a enaltecer o rei Henrique IV, o que recomenda, por razões de clareza, uma breve recapitulação dos fatos históricos subjacentes à obra.

Henri de Bourbon nasceu em Pau, em 1553, filho de Antoine de Bourbon, rei de Navarra, e de Jeanne d'Albret. Convertida à religião reformada, Jeanne fez questão de habituar desde cedo seu filho à vida militar, e o mandou combater ao lado de Condé em defesa da causa protestante. Com a morte dos pais, Henrique passou a reinar sozinho em Navarra. Consciente de que com a morte sem herdeiros dos seus filhos varões Henrique seria o sucessor legítimo da coroa de França, a rainha Catarina de Medicis promoveu o casamento de Henrique com sua filha, Margarida de Valois, a famosa rainha Margot. Logo depois ocorreu o massacre de S. Bartolomeu (25 de agosto de 1572). O rei de Navarra escapou abjurando do protestantismo, mas em seguida fugiu e assumiu a direção da União Protestante. Aliado aos protestantes alemães e à rainha da Inglaterra, obteve uma importante vitória em Coutras (1587). Enquanto isso, os nobres católicos, com a ajuda ativa da Espanha, se organizaram na Liga, dirigida pelo duque de Guise, conhecido como o Balafré. A Liga instigou a população a revoltar-se contra o rei, Henrique III, e na famosa Jornada das Barricadas o povo obrigou o soberano a fugir da capital. Ele convocou os Estados-Gerais em Blois, mas, não conseguindo obter uma decisão capaz de fortalecer sua autoridade, fez assassinar o duque de Guise e seu irmão, o cardeal de Lorena (1588). O rei decidiu reaproximar-se de Henrique de Bourbon, e os dois sitiaram Paris. Mas Henrique III foi apunhalado, em St. Cloud, por um fanático religioso, Jacques Clément, tendo tido ainda tempo para reafirmar que o rei de Navarra seria seu herdeiro. Mas os católicos não aceitaram essa solução e a guerra continuou. A causa huguenote passou agora a ser defendida pelo duque de Mayenne, irmão de Guise. Em 1590, Henrique derrota Mayenne e os espanhóis na batalha de Ivry. Em Paris, Mayenne reuniu os Estados-Gerais, que rejeitaram a candidatura ao trono de França da infanta Isabel, da Espanha, e do próprio Mayenne. Com o cansaço geral provocado pela guerra civil, criou-se um clima favorável a Henrique. Em Saint-Denis, ele abjurou o protestantismo pela segunda vez, aparentemente sem pronunciar a frase famosa, hoje considerada apócrifa, de que Paris valia bem uma missa. Fez-se sagrar em Chartres, e entrou triunfalmente em Paris em março de 1594. Aqui começou o verdadeiro reinado de Henrique IV, partilhado entre inúmeras conquistas amorosas (Gabrielle d'Estrée, Henriette d'Estragues) e a preocupação genuína com o bem-estar do seu povo e a reconstrução administrativa e econômica da França devastada, contando nessa tarefa com a colaboração indispensável do duque de Sully. Mas as paixões religiosas, apaziguadas graças ao regime de tolerância estabelecido pelo edito de Nantes (1598), reacenderam-se com a decisão do rei de ir à guerra em defesa dos protestantes alemães. Com isso, Henrique IV sofreu o mesmo destino do seu antecessor, e foi assassinado por outro fanático religioso, François Ravaillac.[1]

A ação da *Henriada*[2] se passa no período compreendido entre o início do cerco de Paris por Henrique III e Henrique de Navarra (1588) e a vitória de Henrique IV sobre seus súditos rebeldes (1594).

A princípio, o poema constava de apenas nove cantos, passando a ter dez depois da edição de Londres.

No canto I, Henrique de Bourbon recebe de Henrique III a incumbência de cruzar a Mancha a fim de solicitar o apoio de Isabel da Inglaterra. O navio enfrenta uma tempestade e aporta na ilha

---

[1] *Sobre Henrique IV, consultar Pierre de Vaissière,* Henri IV *(Paris: Librairie Arthème Fayard, 1928), e Jean-Pierre Babelon,* Henri IV *(Paris: Fayard, 1982).*
[2] *Na análise a seguir, baseei-me essencialmente na edição de Garnier Frères, vol. 8 das* Obras Completas de Voltaire, *1877, e na edição organizada por O.R. Taylor, em* The Complete Works of Voltaire, *ed. Theodor Bestermann, Instituto Voltaire, Geneva, vol. 2, 1970.*

HENRIADA

Henrique III
DESENHO DE FRANÇOIS QUESNEL. {1958}

de Jersey, onde um velho eremita anuncia ao futuro Henrique IV sua ascensão ao trono da França. Na Inglaterra, Henrique admira o sistema político inglês, baseado no equilíbrio de três poderes – o rei, a nobreza e o povo – e a rainha pede-lhe que narre as origens da guerra de religião que há tantos anos dilacerava a França.

O pedido é atendido no canto II. Na origem da tragédia está o fanatismo religioso, que culminou na hecatombe do S. Bartolomeu, que tingiu de sangue o Sena, enquanto Henrique só foi poupado porque Catarina de Medicis precisava dele como refém, a serviço dos seus planos diabólicos. O casamento do jovem rei de Navarra com Margarida de Valois não é mencionado.

O relato prossegue no canto III. Carlos IX morre pouco depois do S. Bartolomeu. Seu sucessor, que no meio-tempo tinha sido eleito rei da Polônia, volta rapidamente a Paris, para assumir a Coroa da França sob o nome de Henrique III. Henrique de Navarra vence a batalha de Coutras, onde perece a flor da nobreza francesa, seduzida pelas falsas doutrinas dos rebeldes católicos. Henrique III é um rei indolente, passando os dias e noites com seus vergonhosos favoritos (os famosos *mignons*), mas Henrique de Navarra não hesitou em buscar sua aliança, apoiando-o contra a Liga, pelo bem da França. Enquanto isso cresce o poder de Guise, que acaba expulsando de Paris o rei legítimo. Como último recurso, este faz assassinar o duque. Mayenne assume a direção da Liga. Terminado o relato, Isabel promete seu concurso ao rei de Navarra.

No canto IV, o herói volta para assumir seu posto no cerco de Paris. Seu aparecimento fulminante lança o desânimo no campo dos rebeldes. Intervém então a Discórdia, que reanima Mayenne, já derrotado, e voa para Roma, onde ela encontra outra figura alegórica, a Política. É de Roma, com Sixto V como papa, que vêm os impulsos para a luta e para a divisão. As duas fúrias, a Discórdia e a Política, envergando as vestes da Religião, voltam à França, acir-

*Henrique IV,
rei de França e Navarra*
PINTURA EM ESMALTE,
CLAUDIUS POPELIN
{1580 c.}

Procissão da Liga
ÓLEO SOBRE TELA. [SÉC. XVI]

rando a Sorbonne contra o rei, armando os monges, e intimidando o Parlamento em nome de uma abominável ideologia revolucionária, segundo a qual a vontade do povo deve prevalecer sobre a dos reis e dos tribunais.

A Discórdia continua seu nefando trabalho no canto v. Ela resolve usar para seus fins Jacques Clément, jovem formado pelos dominicanos, pronto a todos os sacrifícios para vingar ofensas reais ou imaginárias feitas à religião católica. A Discórdia instila seu veneno em Clément, que implora a Deus que livre a França do rei infame, Henrique III. A Discórdia leva essas palavras até o Inferno, onde vai buscar o mais sinistro habitante do reino das sombras, o Fanatismo. Este assume a forma do duque de Guise, e sob o aspecto do defunto chefe da Liga convence Jacques Clément de que Deus ouvira suas preces, e de que seria o próprio Clément o executor do tiranicídio. Enquanto isso, os partidários da Liga realizam num subterrâneo um ritual de magia negra, oficiada por um hebreu. Golpeando com um punhal efígies de Henrique III e do rei de Navarra, esperam ferir os originais dessas imagens. Subitamente um clarão revela Henrique de Navarra, num carro de triunfo, segurando um cetro e com a cabeça cingida por uma coroa de louros. Os participantes do ritual fogem apavorados. No mesmo momento, Jacques Clément consumava seu crime. Com isso, a visão se realiza, e Henrique de Navarra, herdeiro legítimo da Coroa, se torna rei da França.

No canto VI, reúnem-se os Estados-Gerais para escolher um rei. Mayenne apresenta sua candidatura, mas com palavras cheias de nobreza o presidente do Parlamento, Potier de Blancmesnil, diz que segundo as leis fundamentais do reino a França já tinha um rei, Henrique de Navarra, agora Henrique IV, e portanto nenhuma

Henrique IV,
rei de França e Navarra
GRAVURA DE
JACQUES ETIENNE PANNIER,
COLEÇÃO PARTICULAR.
{1847}

eleição seria legítima. Nisso o rei inicia sua ofensiva contra Paris. Marcha a seu lado o conde de Essex, favorito da rainha da Inglaterra, que assim cumpre a promessa feita a Henrique. O ímpeto do Exército Real parece irresistível, mas de repente o ataque é detido por um fantasma: é São Luís, pai dos Bourbon, que intervém para que as forças atacantes cessem a carnificina, pois de outro modo o rei reinaria sobre mortos.

No canto VII, São Luís faz Henrique adormecer. É transportado em sonho para a região celeste, onde habitam as almas dos pagãos, como os índios do Novo Mundo, e os adeptos de Zoroastro, Confúcio, Brama e Maomé. Daí São Luís o leva para o inferno, onde moram figuras imundas como a Inveja, a Ambição, o Orgulho, a Hipocrisia, os espíritos de monstros como Jacques Clément, além de reis tirânicos que oprimiram seus súditos. A próxima parada é o lugar afortunado onde reina a inocência, e onde residem os bons reis, fiéis discípulos da verdadeira Igreja Católica, Carlos Magno e Clovis, o sábio Henrique XII, guerreiros virtuosos, a Virgem de Orléans. Finalmente, São Luís leva Henrique ao templo do destino, onde o futuro lhe é revelado: o reinado do seu filho, Luís XIII, o governo de dois grandes ministros, Richelieu e Mazarino, o advento do Rei Sol e do seu grande colaborador Colbert, generais invencíveis como Montmorency e Villars.

No canto VIII, o poeta descreve a batalha de Ivry, uma das mais decisivas do longo combate de Henrique IV para conquistar seu trono. Nessa batalha, ouve-se pela primeira vez o grito de guerra do rei, que eletrizaria suas tropas: segui meu panacho branco, porque ele vos mostra o caminho da honra e da vitória. Henrique luta como um cavaleiro antigo, rodeado dos seus colaboradores mais fiéis, como Biron e Turenne, e dos soldados ingleses, enviados por Isabel, sob o comando do conde de Essex. Do lado oposto estão Mayenne, coadjuvado pelo Exército espanhol, no qual se bate o

HENRIADA

O Exército espanhol deixa Paris sob o olhar de Henrique IV
GRAVURA DE JEAN LECLERC. {1594}

conde de Egmont, filho renegado de um soldado ilustre, que lutara contra os espanhóis pela libertação de Flandres. O rei salva pessoalmente a vida de Biron. O velho d'Ailly, do Exército Real, trava um combate corpo-a-corpo com um guerreiro mais jovem, e o mata. Ao erguer a viseira do morto, descobre que era seu filho. Desesperado, o pai se refugia no deserto. A jovem esposa do morto encontra o cadáver do marido, e morre abraçando o corpo. A vitória do rei é completa. Mayenne se refugia em Paris. Magnânimo, Henrique poupa a vida dos cativos, e os deixa livres ou para voltarem aos braços da Liga ou para combaterem sob seu pavilhão.

No canto IX, a Discórdia recorre ao mais pérfido dos seus estratagemas. Voa até o Templo do Amor e convence o deus a aliar-se a ela para retirar Henrique do campo de batalha, como fizera com Hércules, seduzido por Onfale a abandonar sua vida heróica, ou com Otávio, que se esquecera nos braços de Cleópatra do seu projeto de conquistar o império do mundo. O Amor voa até Ivry, e guia os passos de Henrique em direção ao castelo onde morava Gabrielle d'Estrée, ainda jovem e inocente. Gabrielle é sugestionada pelo Amor, que se apresenta a seus olhos sob a forma de uma criança, para amar perdidamente o rei. Este chega ao castelo, e os dois caem nos braços um do outro. O idílio começa a produzir o efeito esperado pela Discórdia, desencorajando o Exército Real, privado da chefia de Henrique. Tudo parecia perdido, quando o gênio tutelar da França vai buscar o fiel Mornay e o conduz até o retiro onde o rei vivia uma vida de delícias com Gabrielle. Mornay consegue convencer o rei a cumprir seus deveres de soberano e de chefe, e Henrique parte, deixando Gabrielle em prantos.

No canto x, o rei volta a cercar Paris. Num combate às portas da capital, um dos inimigos do rei, o duque d'Aumale, trava um combate singular com Turenne, um dos grandes soldados de Henrique. Nessa luta titânica entre dois campeões, d'Aumale é vencido e morre. Seguindo os conselhos de S. Luís, Henrique resolve diminuir o morticínio, evitando um ataque direto contra a cidade. Pensa poder atingir esse objetivo pelo bloqueio, esperando reduzir pela fome seus súditos insubmissos. Mas a fome produz sofrimentos inauditos. A população é forçada a consumir pão fabricado com uma farinha de ossos desenterrados do cemitério. Há cenas espantosas de canibalismo, como a de uma mulher que apunhala seu filho para devorá-lo. Condoído com tanta calamidade, Henrique prefere perder seu reino a continuar martirizando seu povo, e ordena a seus soldados que abasteçam a cidade com víveres. Esse gesto de grandeza leva São Luís a comparecer diante do Eterno, pedindo-lhe que remova os preconceitos que impediam Henrique IV de reconhecer seu erro, aderindo à verdadeira religião. Deus atende

Frederico II da Prússia
ÓLEO DE ANTOINE PESNE. {1736}

a esse pedido, e Henrique vê, finalmente, a verdade, abandonando a heresia protestante. Com isso, Roma se reconcilia com o rei, o povo de Paris aclama seu soberano, Mayenne renuncia às suas atitudes facciosas, e a Discórdia mergulha na noite eterna.

A *Henriada* foi imediatamente aclamada como uma obra-prima. Um texto de Frederico da Prússia, então príncipe-herdeiro, é bem representativo do clima geral de louvores com que o poema foi rece-

VOLTAIRE

Voltaire
ÓLEO DE PAJOU. {1815}

bido. Trata-se de um prefácio escrito em 1739, para uma edição que não se realizou, e que só viria a ser publicado em 1756. Nesse prefácio, Frederico presta homenagem ao "gênio vasto" e ao "espírito sublime" de Voltaire, e afirma que a *Henriada* era superior à *Ilíada*, porque Homero não sabia fazer uma ligação interna entre os cantos, e à *Eneida*, que tinha um desfecho menos natural que do poema francês. Com isso, Frederico tomava partido inequivocamente pelos modernos, na célebre querela dos antigos e dos modernos. É verdade que nem todos os julgamentos foram tão elogiosos. Os protestantes acharam o poema excessivamente "papista" — afinal, o velho de Jersey profetiza o desaparecimento iminente da religião reformada — e os católicos se queixaram de que o poeta havia exagerado as atrocidades cometidas pela Liga. Além disso, os fatos históricos teriam sido deformados. Fizeram-se também críticas de forma, muitas vezes usadas para mascarar objeções de conteúdo. Assim, o autor tivera o mau gosto de misturar o maravilhoso cristão (Deus, São Luís) com o pagão (o Amor), e de abusar da alegoria, como a Discórdia, o Fanatismo, a Inveja etc. Quase cem anos depois da publicação do poema, Chateaubriand ainda ecoava algumas dessas críticas, ao lamentar que Voltaire não tivesse recorrido mais amplamente ao maravilhoso cristão, povoando o céu de santos e mártires, em vez de multiplicar as alegorias.[3] Além disso, o poema copiava com excessivo servilismo a *Eneida*. Assim, Henrique era uma espécie de Enéias francês. A figura de Mornay, como amigo fiel, foi claramente construída segundo o modelo de Achates. Havia uma semelhança óbvia entre o combate singular de Turenne com d'Aumale e o combate singular de Enéias com Turnus. Igualmente óbvio era o paralelo entre as duas rainhas, Dido, a quem Enéias relata a história da guerra de Tróia, e Isabel, a quem Henrique relata as origens

---

[3] François-René de Chateabriand, *Génie du christianisme* (Paris: Garnier Flammarion, 1966) Livo I, capítulo V, p. 238-242.

e os principais episódios das guerras de religião. Não menos evidente era o paralelo entre a visita de Henrique aos infernos e a de Enéias. Mesmo do ponto de vista formal notava-se a influência da *Eneida:* havia versos inteiros imitados por Voltaire, e os dois poemas começavam *in medias res*. Tanto os elogios quanto as críticas são sintetizadas num texto recentemente redescoberto do holandês Justus van Effen, publicado em 1725 no *Nouveau Spectateur Français*. Comentando o poema quando ele ainda se chamava *La Ligue*, por um lado van Effen faz louvores hiperbólicos à genialidade poética de Voltaire, e por outro o critica por sua imitação da *Eneida* e pelo uso de um único *deus ex machina*, a alegoria da Discórdia.[4]

Voltaire e seus admiradores não tiveram dificuldades em rebater essas objeções.

É verdade que o autor não fora imparcial em sua condenação do fanatismo religioso e em sua defesa da sã filosofia, mas esforçou-se por ser imparcial entre as duas versões do cristianismo. Ele fustigou as atrocidades dos católicos, como as cometidas durante o São Bartolomeu, e combateu a política intervencionista do papa Sixto v, mas não foi indulgente com os "erros" dos protestantes. Como a *Ilíada*, que exaltou a bravura tanto do grego Aquiles como do troiano Heitor, a *Henriada* é de uma imparcialidade verdadeiramente homérica, elogiando os feitos heróicos tanto dos huguenotes, como Turenne, quanto dos católicos, como d'Aumale.

Quanto à deformação da história, Voltaire não somente a admite mas a considera necessária numa obra poética, que não é a mesma coisa que um tratado. Basta que a ficção seja verossímil. Assim, é certo que a missão diplomática de Henrique de Navarra junto à rainha da Inglaterra jamais aconteceu – Mornay partiu

---

[4] *James L. Schorr,* 'La Henriade' revisited, "Studies on Voltaire and the Eighteenth Century", *256, 1988, p. 1-10.*

sozinho – mas ela se justifica do ponto de vista da plausibilidade histórica. Do mesmo modo, o ritual de magia negra pouco antes do assassinato de Henrique III é puramente fantástico, mas Voltaire esclarece que esses rituais eram comuns na França, onde tinham sido introduzidos por Catarina de Medicis. O combate entre d'Aumale e Turenne é outra ficção, mas combates singulares desse tipo ainda estavam em moda na época. Um deles ocorreu em Paris, no próprio dia do assassinato de Henrique III, diante do povo e do exército, entre o senhor de Marivaux, realista, e o senhor Claude de Marolles, adepto da Liga.

A mistura do maravilhoso cristão com o pagão e o alegórico não seria uma prova, justamente, da inventividade de Voltaire, negada pelos que o acusavam de copiar os modelos antigos?

Sem dúvida, esses modelos são onipresentes. Os paralelos não somente com a *Eneida*, mas com a *Jerusalém liberada*, de Tasso, são transparentes. Mas não seriam eles intencionais? Certamente Voltaire não esperava iludir seus leitores, pretextando uma falsa originalidade. Os empréstimos a Virgílio não poderiam passar despercebidos para um público saturado de cultura clássica. Pode-se supor, por isso, que ao incorporar essas influências Voltaire estivesse obedecendo a exigências intrínsecas à tradição da poesia épica. Assim, como observa Marmontel, a *Eneida* combina tanto o plano geral da *Ilíada* quanto o da *Odisséia*, e a *Jerusalém liberada* é construída segundo o molde da *Ilíada*, e inclui vários episódios tirados da *Eneida*.[5]

Vamos agora à nossa segunda tarefa: descrever a recepção de Voltaire e da *Henriada* no mundo cultural brasileiro.

Voltaire já era conhecido no Brasil desde o período colonial. Apesar do Santo Ofício e da Real Mesa Censória, ele era lido por boa parte da população culta.

---

[5] *Prefácio de Marmontel à edição de 1746, reproduzido na edição de 1877 de Garnier Frères, op. cit.*

LA
HENRIADE,
PAR MONSIEUR
DE VOLTAIRE,

Avec les Variantes & un Essai sur la Poësie Epique.

NOUVELLE ÉDITION.

A AMSTERDAM,
Chez FRANÇOIS L'HONORÉ.

1768.

Henriade
EDIÇÃO DE 1768, HOLANDA

ESSAI
SUR LA
POESIE ÉPIQUE.

CHAPITRE PREMIER.

Des différens goûts des Peuples.

N a accablé presque tous les Arts d'un nombre prodigieux de regles, dont la plûpart sont inutiles ou fausses. Nous trouvons par-tout des leçons, mais bien peu d'exemples. Rien n'est plus aisé que de parler d'un ton de maître des choses qu'on ne peut exécuter ; il y a cent Poëtiques contre un Poëme. On ne voit que des Maîtres d'Eloquence, & presque pas un Orateur : le monde est plein de Critiques, qui à force de *commentaires*, de *définitions*, de *distinctions*, sont parvenus à obscurcir les connaissances les plus claires & les plus simples. Il semble qu'on n'aime que les chemins difficiles. Chaque science, chaque étude a son jargon

A

VOLTAIRE

A expulsão dos jesuítas
GRAVURA ANÔNIMA. (SÉC. XVIII)

Foi o caso de Basílio da Gama, que traduziu a tragédia *Mahomet*, e cuja obra mais importante, o poema épico *Uraguai*, tem como figura central o índio Cacambo, nome de um personagem do *Candide*, de Voltaire. Obra anti-jesuítica, em apoio à política do marquês de Pombal, o poema de Basílio deve muito às sátiras em que o Patriarca de Ferney atacava a Companhia de Jesus. Duas devem ter sido do seu particular interesse, pois tratavam justamente da questão das reduções jesuíticas na América, tema do *Uraguai*. Ambas são de 1759, o mesmo ano da expulsão dos jesuítas de Portugal. Uma é o próprio *Candide*, que tem um capítulo narrando a visita do herói a um dos estabelecimentos jesuíticos no Paraguai. O outro texto está na *Relação da viagem do irmão Garassise*. É uma sátira sobre a suposta viagem que um jesuíta, o irmão Garassise, teria feito a Lisboa, onde visitou seu companheiro de ordem, o padre Malagrida, preso por ter atentado contra a vida do rei de Portugal. É o mesmo Malagrida que a feiticeira Tanajura, no *Uraguai*, mostra por suas artes mágicas à principal personagem feminina, Lindóia. Na sátira de Voltaire, o punhal com que Malagrida quis ferir o rei é oferecido pelo preso ao irmão Garassise como uma relíquia preciosa, capaz de operar milagres. Além do punhal, Garassise recebe do preso um pacote, e o leva a Paris. O conteúdo do pacote deve ter deliciado Basílio, que com toda certeza leu e releu esse texto. Eram manuscritos relatando como os jesuítas tinham instigado na Colônia do Sacramento uma revolta dos índios contra seu rei legítimo, e como tinham excitado uma sedição no Brasil, para restabelecer a união e a paz.[6]

Escrevendo em pleno período pombalino, Basílio não precisava temer excessivamente as conseqüências de sua admiração por Voltaire. Depois da reação que se seguiu ao advento de D. Maria I (a "viradeira"), os letrados da Colônia evitaram manifestações públicas de entusiasmo, mas Voltaire continuou a ser lido com assiduidade, como se pode depreender dos autos de devassa da Inconfidência e da lista dos livros seqüestrados.[7] Assim o cônego Luís Vieira da Silva, o mais culto dos Inconfidentes, possuía um volume *in-octavo* das obras de Voltaire. Inácio José de Alvarenga Peixoto possuía um

---

[6] Sergio Paulo Rouanet, *Basílio da Gama e o partido das Luzes, em* Interrogações *(Rio de Janeiro: Tempo Brasileiro, 2003.)*
[7] *Autos de devassa da Inconfidência Mineira, 2ª edição. Brasília-Belo Horizonte, Câmara dos Deputados-Imprensa Oficial de Minas Gerais, 1980.*

N.º 1

GAZETA DO RIO DE JANEIRO.

SABADO 10 DE SETEMBRO DE 1808.

Doctrina sed vim promovet insitam,
Rectique cultus pectora roborant.
HORAT. Ode III. Lib. IV.

Londres 12 de Junho de 1808.
Noticias vindas por via de França.

Amsterdão 30 de Abril.

Os dois Navios Americanos, que ultimamente arribárão ao Texel, não podem descarregar as suas mercadorias, e devem immediatamente fazer-se á véla sob pena de confiscação. Isto tem influido muito nos preços de varios generos, sobre tudo por se terem hontem recebido cartas de França, que dizem, que em virtude de hum Decreto Imperial todos os Navios Americanos serão detidos logo que chegarem a qualquer porto da França.

Noticias vindas por Gottenburgo.

Chegárão-nos esta manhã folhas de Hamburgo, e de Altona até 17 do corrente. Estas ultimas annuncião que os Janizaros em Constantinopla se declarárão contra a França, e a favor da Inglaterra; porém que o tumulto se tinha apaziguado. —— Hamburgo está tão exhaurido pela passagem de tropas que em muitas casas não se acha já huma côdea de pão, nem huma cama. Quasi todo o Hannover se acha nesta deploravel situação. —— 50000 homens de tropas Francezas, que estão em Italia, tiverão ordem de marchar para Hespanha.

Londres a 16 de Junho.
Extracto de huma Carta escrita a bordo da Statira.

"Segundo o que nos disse o Official Hespanhol, que levámos a Lord Gambier, o Povo Hespanhol faz todo o possivel para sacodir o jugo Francez. As Provincias de Asturias, Leão, e outras adjacentes armarão 80000 homens, em cujo numero se comprehendem varios mil de Tropa regular tanto de pé, como de cavallo. A Corunha declarou-se contra os Francezes, e o Ferrol se teria igualmente sublevado a não ter hum Governador do partido Francez. Os Andaluzos, nas visinhanças de Cadiz, tem pegado em armas, e destes ha já 60000, que são pela maior parte Tropas de Linha, e commandados por hum habil General. Toda esta tempestade se originou de Bonaparte ter declarado a Murat Regente de Hespanha. O espirito de resistencia chegou a Carthagena, e não duvido que em pouco seja geral por toda a parte. Espero que nos mandem ao Porto de Gijon, que fica poucas leguas distante de Oviedo, com huma sufficiente quantidade de polvora, &c. pois do successo de Hespanha depende a sorte de Portugal. A revolta he tão geral, que os habitantes das Cidades guarnecidas por Tropas Francezas tem pela maior parte ido reunir-se nas montanhas com os seus Concidadãos revoltados."

Prancha do Tratado da gravura, *de Abraham Bosse,*
PUBLICADA PELA OFICINA DO ARCO DO CEGO DE LISBOA.
A corte portuguesa trouxe para o Brasil o material da Oficina do Arco do Cego, que permitiu o estabelecimento da Imprensa Régia.

AO LADO
Primeiro jornal do Brasil, a Gazeta do Rio de Janeiro,
PUBLICADO PELA IMPRENSA RÉGIA. {1808}

Voltaire em sete tomos. José de Rezende Costa tinha em seu poder mais de 11 volumes das obras do filósofo.[8] A influência de Voltaire em Minas Gerais era seguramente maior que a que se pode deduzir dos autos de devassa. Não há referência a Voltaire na lista de livros apreendidos na biblioteca de Cláudio Manuel da Costa. Quase só há livros de direito e dicionários, mas considerando a abrangência dos interesses do Inconfidente, é altamente improvável que as obras de Voltaire não figurassem em sua biblioteca. Quanto a Tomaz Antonio Gonzaga, o execrável meirinho que seqüestrou seus bens disse apenas que o namorado de Marília possuía 83 livros, mas ninguém que percorra suas obras deixará de perceber a influência de Voltaire: a condenação do militarismo na ode com que ele aclamou o advento de D. Maria I, o anticlericalismo nas *Cartas Chilenas* e a denúncia da tirania, vista como a "laxidão de fazer o soberano quanto quiser e não quanto é justo", no *Tratado de direito natural*. De modo geral, a lista oficial deve ter refletido muito imperfeitamente a realidade. Avisados de que a conspiração fracassara, os conjurados tiveram tempo para destruir as obras mais comprometedoras, e muitos devem tê-lo feito efetivamente, como ocorreu no Brasil em 1964. Felizmente, além das listas de livros, muitos dos próprios livros sobreviveram. A Biblioteca de São João Del Rei contém várias obras do Enciclopedista, algumas doadas por Batista Caetano de Almeida e pela família de José de Rezende Costa.[9]

Voltaire continuou presente, direta ou indiretamente, nas outras três "Inconfidências" do fim do século XVIII e início do século XIX: a carioca, de 1794, a baiana, de 1798, e a pernambucana, de 1801.

---

[8] *Vide*, sobre os livros dos Inconfidentes, Eduardo Frieiro, O diabo na livraria do cônego *(São Paulo: Itatiaia, 1982)*.
[9] Sergio Paulo Rouanet, *Minas iluminadas*, em Tempo e história *(São Paulo: Companhia das Letras, 1992)*.

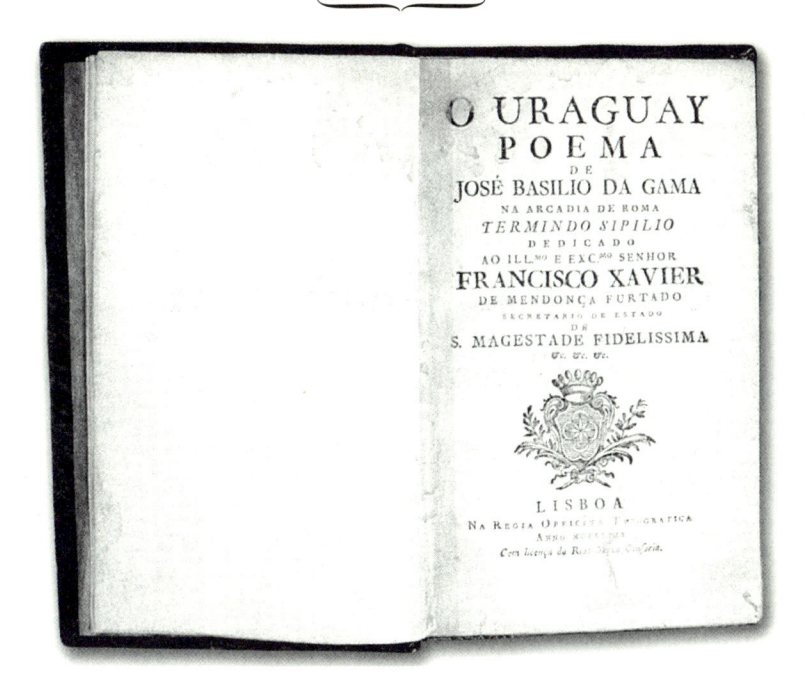

O Uraguai, *José Basílio da Gama*
RÉGIA OFICINA TYPOGRAPHICA, LISBOA. {1769}

Sabe-se com certeza que a biblioteca de um dos réus da Inconfidência baiana, Hermógenes Francisco de Aguiar Pantoja, continha o *Dicionário filosófico*, de Voltaire.[10]

No que diz respeito, especificamente, à *Henriada*, não há dúvida de que esse poema é uma das inspirações de Basílio da Gama. Os dois poemas tratam da rebelião contra um soberano legítimo (Henrique IV, da França, D. José I, de Portugal), instigada por fanáticos religiosos (a Liga, no primeiro caso, a Companhia de Jesus, no segundo) que manipulam por ambição e sectarismo seus seguidores – no caso do Brasil, os índios das reduções. Há influências

---

[10] *Gilberto Luiz Alves, A difusão de obras ilustradas no Brasil colonial 1759-1822,* em Recepción y difusión de Textos Ilustrados *(Leon: Ediciones Doce Calles, 2003), p. 37.*

diretas, como as bruxarias da feiticeira Tanajura, já mencionadas, correspondentes aos rituais de magia negra no dia do assassinato de Henrique III. Nos dois rituais, o que está em jogo é o regicídio, estimulado pelo fanatismo religioso. Na *Henriada*, os oficiantes trespassam as figuras dos dois reis com um punhal, e o Fanatismo, assumindo a forma do defunto duque de Guise, persuade Jacques Clément a matar Henrique III. No *Uraguai*, a bruxa Tanajura mostra a Lindóia o padre Malagrida, preso por ter atentado contra a vida do rei de Portugal. Reaparece o par Regicida-Fanatismo. Malagrida é "um curvo e branco velho", sendo conduzido ao suplício pelo Fanatismo, "Com os olhos vendados, e escondido/ Nas roupas um punhal banhado em sangue."[11]

Quanto aos Inconfidentes, sabemos com certeza, pelos autos de devassa, que José de Rezende Costa possuía um exemplar da *Henriada*. E podemos conjeturar com alto grau de probabilidade que Cláudio Manuel da Costa também tinha a epopéia em sua biblioteca ou pelo menos a conhecia perfeitamente, porque Cláudio era autor de um poema épico, *Vila Rica*, e ninguém no século XVIII podia se aventurar nesse gênero sem ter lido e estudado a *Henriada*, considerada a maior epopéia do século, senão de todos os tempos.

A *Henriada* certamente estava presente em outras bibliotecas particulares, no final do século. Um catálogo da Biblioteca oficial da Província de São Paulo, elaborado em 1827, inclui entre seus títulos o poema de Voltaire, com o título aportuguesado de *Henriqueida*. Ora, segundo toda probabilidade esse livro pertenceu ao prelado Manuel da Ressurreição, bispo de São Paulo no último quartel do século XVIII.[12]

Em sua versão original francesa, o livro foi lido em todo o período de Dom João no Brasil. É o que podemos depreender do

---

[11] Basílio da Gama, O Uraguai, canto III, versos 301-304.
[12] Gilberto Luiz Alves, op. cit., p. 39.

D. José, estátua eqüestre
GRAVURA DE JOAQUIM CARNEIRO DA SILVA. {1774}

VOLTAIRE

D. João VI
GRAVURA DE ANTONIO JACINTO CABRAL. {1822}

número de pedidos de liberação alfandegária dessa obra, dirigidos à Mesa do Desembargo do Paço, no Rio de Janeiro, espécie de tribunal que tinha entre suas funções, além de examinar os escritos submetidos à Impressão Régia, a de autorizar o desembaraço dos livros importados. Assim, no período 1808-1820 a *Henriada* foi objeto de oito pedidos de liberação, o que coloca o livro numa lista de dez favoritos, lado a lado com *best-sellers* indiscutíveis, como *Telêmaco*, de Fenélon, e *Manon Lescault*, de Prévost.[13]

Livro tão apreciado pelo público certamente merecia a honra de uma edição em português. Foi assim que a Impressão Régia lançou, em 1812, a tradução da *Henriada*. Era a segunda edição de uma obra publicada originalmente no Porto, em 1789. Sabe-se pouco sobre o tradutor, Tomás de Aquino Bello e Freitas. O *Diccionario Bibliographico Brazileiro* diz apenas que Bello e Freitas "foi talvez natural da cidade do Porto", e formou-se em medicina pela Universidade de Coimbra. O autor acrescenta que a tradução "não parece ir além da mediocridade", e seria claramente inferior à atribuída a Domingos Caldas Barbosa.[14] Realmente, o verbete não deixa de ter razão. Em 1807, com efeito, saíra em Lisboa uma tradução anônima reivindicada por José de Vasconcelos e Sousa, conde de Pombeiro, mas cujo verdadeiro autor teria sido o protegido de Pombeiro, Domingos de Caldas Barbosa, o poeta da *Viola de Lereno*, que encantou Lisboa no século XVIII, com seus lundus afro-brasileiros. Mas o que dá singularidade à tradução de Bello e Freitas, independentemente do seu mérito literário, é que sua segunda edição não foi lançada por qualquer tipografia, e sim pela Impressão Régia. Como foi possível que um livro tão "perigoso" tivesse sido editado por uma instituição tão oficial?

[13] *Márcia Abreu*, Os caminhos dos livros *(Campinas: Mercado de Letras, 2003), p. 115.*
[14] *Innocencio Francisco da Silva*, Diccionario Bibliographico Portuguez *(Lisboa, MDCCCXII) vol. VII, p. 336.*

Uma resposta óbvia é que se tratando de uma reedição, a Mesa do Desembargo do Paço no Rio de Janeiro teria decidido, sem maiores investigações, ratificar o julgamento dos censores de Lisboa, que haviam autorizado a edição de 1789. Por que dar-se ao trabalho de reabrir o assunto, quando havia tantos processos e solicitações pendentes? Mas os censores do Rio em geral não pecavam por falta de zelo. Não era raro que examinassem textos submetidos à reedição, para terem a certeza de que os editores não tinham introduzido material novo.

A verdade é que não havia mais clima, em 1812, para excessos de obscurantismo. Sob a influência de ministros esclarecidos, como D. Rodrigo de Sousa Coutinho, conde de Linhares, o período de D. João no Brasil testemunhou um apreciável florescimento intelectual. A vida cultural do país abriu-se às idéias "exóticas", como os portos tinham se aberto às mercadorias estrangeiras. A censura não fora abolida, mas ela não impedia, por exemplo, a circulação do *Correio Braziliense,* onde se criticava sem inibição a política portuguesa. Em Portugal esse jornal era proibido, mas no Brasil d. João era seu primeiro leitor. E se em Lisboa eram perseguidos os "livros franceses" (denominação genérica que abrangia todos os livros estrangeiros), Luccock afirma que ao tempo da residência da corte portuguesa no Rio eram muito lidos autores como Shakespeare, Pope, Gessner e Klopstock, além de Rousseau, e, naturalmente, Voltaire. A livre circulação de um jornal com o título de *O patriota* era sintomática, porque na época essa palavra designava os partidários da Revolução Francesa. Hipólito da Costa juntou os dois fatos – o jornal e a tradução da *Henriada* – e concluiu que algo estava mudando no país. "Por mais insignificante que pareça a circunstância de se deixar correr um jornal com o nome de *Patriota*, ou permitir-se uma tradução da *Henriada*", escrevia o *Correio Braziliense* em 1813, ou seja, um ano depois da publicação da *Henriada* – "nós julgamos isto matéria de importância. Porque é seguro indício de que o terror inspirado pela Revolução Francesa, que fazia desatender a toda proposição de reformas, principia a abater-se, e já se não olha para as idéias de melhoramento das instituições públicas, como tendentes à anarquia, em vez de servirem à firmeza do governo".[15]

Outra razão é que os contemporâneos do príncipe regente, mesmo os mais conservadores, não viam a *Henriada* como um livro especialmente sedicioso. Estava-se longe da época em que a Real Mesa Censória tinha condenado a *Henriada*, considerando que esse poema estava cheio "de impiedades e de heresias contra os dogmas mais capitais do cristianismo."[16] Nas novas circunstâncias políticas, a *Henriada* tinha se revelado compatível com um absolutismo moderado, disposto a promover o bem-estar do povo, desde que não fosse através do próprio povo. Afinal, o poema condena a anarquia popular, fustiga a ambição dos grandes, proclama o princípio da monarquia hereditária, rejeita a idéia de que um monarca possa ser eleito (ou deposto) pelos Estados-Gerais ou pelo Parlamento, e defende a supremacia da religião católica. A Igreja é um pouco mal-tratada, mas como em geral é com o fanatismo que Voltaire polemiza, e não com a Igreja como tal, essa crítica moderada não chega a perturbar um príncipe como d. João, que alguns anos depois iria abolir o Santo Ofício em Portugal. Se alguém advoga idéias radicais, no poema, é a Liga, apoiada no povo de Paris, cujas atitudes revolucionárias, durante a "jornada das barricadas", prenunciavam a Fronda e a Comuna. Ora, a Liga e o povo são justamente os grandes alvos da indignação de Voltaire. As idéias democráticas que Voltaire abomina são as expressas por Bussy-Leclerc, no canto IV

---

[15] *Oliveira Lima*, D. João VI no Brasil *(Rio de Janeiro: Topbooks, 1996), p. 166, 557 e 558.*
[16] *Documento "Livros de autores libertinos, que devem ser incluídos no edital proibitivo, preparado por Antônio Pereira de Figueiredo e apresentado à Mesa em 8 de março de 1770 e 12 de junho de 1770." Devo a Márcia Abreu essa informação, obtida através dos bons ofícios de Isabel Lustosa.*

do poema, quando intima o Parlamento (Tribunal) a dobrar-se à vontade popular: "Ao povo obedecei, e a seus decretos./Antes dos reis, já cidadãos havia:/ Os direitos perdidos pelos nossos/ Antepassados, hoje recobramos." As idéias de Bussy, segundo as quais o poder dos reis é uma simples delegação, revogável, do povo soberano, eram prematuras no século XVI, embora viessem a tornar-se hegemônicas no final do século XVIII, e é contra elas que Voltaire mobiliza todas as musas do Parnaso. Esse lado bem-pensante da *Henriada* foi perfeitamente percebido pela Restauração. De modo geral, Voltaire continuava visto como um autor perigoso e sacrílego, mas a *Henriada* era admirada sem reservas. O poema era um hino ao princípio da legitimidade, cuja transgressão provocara a tempestade revolucionária, e afinal tratava-se de um grande panegírico do fundador da dinastia dos Bourbon, ancestral direto de Luís XVIII. O poema foi incluído nos programas oficiais entre "os livros destinados a formar a elite da juventude nacional".[17] O culto pela *Henriada* era tal que um exemplar do poema foi posto dentro da cavalo montado por Henrique IV, quando a estátua eqüestre do rei, destruída pela Revolução, foi refeita em 1818 e reposta em seu lugar tradicional na Pont Neuf. Não é impossível, dentro da mesma lógica, que em plena guerra contra o "Usurpador" os funcionários da Coroa portuguesa tivessem decidido reconciliar-se com um poema que canonizava o princípio da legitimidade dinástica.

As duas razões são complementares. A tendência liberalizante explica porque um livro de Voltaire pôde ser publicado pela Impressão Régia, e o caráter relativamente anódino do poema sugere que ele foi escolhido por isso mesmo, já que livros mais subversivos talvez não tivessem conseguido vencer as resistências dos censores.

---

[17] *Apud* O.R. Taylor, *op. cit.*, p. 212.

A influência de Voltaire no mundo não acabou no século XVIII, e sua influência no Brasil não acabou em 1812. As repercussões do tricentenário do seu nascimento, em 1996, mostraram que o autor do *Candide* ainda tinha algo a dizer a nosso presente. Uma grande manifestação contra a intolerância, em Paris, trazia um cartaz dizendo: "Voltaire, acorda!"[18] Voltaire continuou influente no Brasil, depois da Independência. O jornal de José Bonifácio, *O Tamoio*, tinha como epígrafe um trecho da *Alzire*. D. Pedro I o citou em sua correspondência. Duas outras tragédias do autor, *Mérope* e *Tancredo*, foram traduzidas por Odorico Mendes, durante a Regência. No final da monarquia e na República, os positivistas viram em Voltaire, apesar de sua frivolidade, que eles deploravam, um dos filósofos que haviam ajudado a destruir o sistema teológico, preparando, assim, o advento do estágio positivo. Tudo indica, por exemplo, que ele foi uma das fontes do anticlericalismo dos nossos positivistas. Voltaire continuou vivo mesmo depois do advento do novo paradigma, o materialismo histórico, pois, para nossos marxistas, Voltaire era um importante filósofo da revolução burguesa, sem a qual a revolução proletária seria impensável.

Mas qual a contribuição específica da *Henriada*? A grande mensagem do poema é a condenação do fanatismo religioso, o que talvez explique sua relativa perda de relevância, numa época em que a liberdade de consciência não parecia ser contestada por ninguém. Pode-se perguntar, entretanto, se o renascimento dos fundamentalismos religiosos não estaria repondo em questão essa conquista fundamental do liberalismo. Será que não se estaria desenhando, em escala global, uma nova guerra de religião, opondo o Islã ao mundo judaico-cristão, comparada à qual a que opôs na França

---

[18] *Sobre a atualidade de Voltaire vide Sergio Paulo Rouanet, Voltaire e o partido da humanidade, em "Interrogações", op. cit.*

católicos a huguenotes seria um episódio secundário? Será que a exacerbação dos ódios interconfessionais, no Brasil, como o desencadeado recentemente pelo destempero de um pastor chutando na TV uma imagem de N.S. Aparecida, não seria o prenúncio de um novo ciclo de hostilidades entre as duas Igrejas? Se quisermos impedir que o fanatismo volte a incendiar o mundo, produzindo reflexos sangrentos no Brasil, a releitura da *Henriada* talvez não seja supérflua. Nem os alexandrinos franceses de Voltaire nem os decassílabos em verso branco da tradução de Tomás de Aquino Bello e Freitas são exatamente modelos de vanguardismo estético, mas o ideal da tolerância religiosa e política, advogado pela *Henriada,* permanece mais atual que nunca.

HENRIADA

Voltaire
GRAVURA DE MOREAU LEJEUNE. {1791}

HENRIADA

POEMA ÉPICO

por

M. de Voltaire

Traduzido por

THOMAZ DE AQUINO
BELLO E FREITAS

DA UNIVERSIDADE DE COIMBRA

*Transcrição para o português
contemporâneo da edição de 1812
da Imprensa Régia*

CANTO I

ARGUMENTO

Henrique III, unido com Henrique de Bourbon Rei de Navarra contra a Liga, havendo já começado o bloqueio de Paris, envia secretamente Henrique de Bourbon a pedir socorro a Isabel Rainha de Inglaterra; o Herói sofreu uma tormenta, e aportando a uma Ilha, nela encontra um velho Católico, que lhe vaticina a sua mudança de Religião, e a sua subida ao Trono. Descreve-se a Inglaterra, e o seu governo.

Eu canto o Herói, aquele que na França
Reinou, já por direito de conquista,
Já por lei, e razão de nascimento,
Que dos próprios trabalhos aprendera
A governar, e bem que perseguido,
O perdão soube unir sempre às vitórias,
Confundiu a Mayenne, a Liga, o Ibero,
E foi Senhor, e Pai de seus Vassalos.

Tu, augusta verdade, dos Céus desce,
Tua força, e clareza em meus escritos
Derrama, porque então os Reis atentos
Lhes prestem seus ouvidos: só tu podes
Anunciar-lhes o que eles saber devem:
Aos olhos das Nações só tu declaras
Das suas divisões os maus efeitos:
Dize, quanto a Discórdia há produzido,
Quanto as nossas Províncias há turbado,
Conta do Povo as mágoas, e infortúnios,
E numera dos Príncipes os erros:
Vem pois, fala, e se é certo que algum dia
A fábula se uniu aos teus acentos,
E com mão delicada a tua augusta

Frente ornou, se ilustrou com suas sombras
Da tua luz os raios, tu comigo
Permite-lhe, que vá sobre teus passos
Para mais adornar tuas belezas.

Com frouxa mão Valois[1] sostinha as rédeas
Do Estado flutuante; as leis sem força
Se viam, os direitos confundidos,
Ou diga-se antes, que ele não reinava.
Não era mais o Príncipe glorioso
Nos combates instruído[2] desde a infância,
Que a Europa respeitou pelas vitórias,
E que a Pátria livrou de opressões tantas:
Valois, de quem do Norte os Povos vendo,
E admirando as ínclitas virtudes,
A seus pés ofertavam os diademas;
Tanto brilhou no emprego menos digno,
Como então se eclipsou no mais excelso:
De intrépido Guerreiro ele se torna
Um Rei fraco: no Trono adormecido,
E entranhado no seio da moleza,
Da Coroa o peso, como que o oprimia.
Quéluz,[3] e d'Espernon, Saint-Maigrin, Joyeuse,
Mancebos voluptuosos, que reinavam
Debaixo do seu nome, corruptores
Políticos de um Rei afeminado,
Só cuidavam no luxo, e nos prazeres,
Precipitar seus lânguidos letargos.

Sobre este abatimento então dos Guises
A rápida fortuna levantava
Toda a sua grandeza; eles formavam
Em Paris a orgulhosa, a fatal Liga
Da fraqueza do Rei rival ufana;

---

[1] *Henrique III. Rei de França, uma das principais personagens deste poema, é nele nomeado por Valois, apelido do ramo Real, de onde ele procedia.*
[2] *Henrique III, sendo Duque de Anjou, comandou os Exércitos de seu Irmão Carlos IX contra os Protestantes, e tinha ganhado aos 18 anos da sua idade as batalhas de Jarnac e de Montcour.*
[3] *Eram esses os mancebos ou favoritos de Henrique III.*

HENRIADA

Os Povos, vis escravos só dos Grandes,
Com pertinaz cegueira perseguiam
O seu Senhor, seguiam os tiranos;
Os amigos infiéis, e corrompidos
O abandonaram logo, e pelo Povo
Do amedrontado Louvre foi expulso;
O estrangeiro aos rebeldes pronto acode;
Tudo acabava enfim, quando aparece
O virtuoso Bourbon,[4] que de um guerreiro
Ardor cheio, se eleva e restitui
Ao seu Príncipe cego a luz perdida;
Reanima-lhe as forças; ele o arranca
Do centro da vergonha para a glória,
Do encanto dos prazeres para a guerra;
Aos muros de Paris ambos se avançam,
Roma se assusta, os Espanhóis já tremem,
E a Europa, interessada nas contendas,
Sobre a Pátria infeliz se põem alerta.

Em Paris a Discórdia então se via
Excitando aos combates a Mayenne,
A Liga, o Povo, a Igreja: ali bradava
Do alto das suas torres pela Espanha,
Que soberba viesse em seu socorro:
Este monstro impetuoso sanguinário,
De seus próprios Vassalos é inimigo;
Das desgraças dos homens ele nutre
Cruel os seus desígnios; quase sempre
Do seu Partido o Sangue as mãos lhe tinge,
Nos corações habita, que corrompe,
E com tirano império enfim castiga
Esses mesmos delitos, que ele inspira.

Da parte do Poente, junto às margens
Floridas, onde o Sena, circulando,
Se ausenta de Paris, lugar que é hoje
Delicioso retiro, onde triunfam
As artes, e se ostenta a natureza,

---

[4] *Henrique IV. Herói deste Poema, é aqui chamado indiferentemente, ou Bourbon, ou Henrique.*

Teatro, que então foi, sanguinolento
Dos mais feros combates, seus soldados
Valois, o infeliz Rei, pronto juntava:
Da França sustentáculos ferozes
São aí mil Heróis, se pela Seita
Divididos, conformes à vingança:
É nas mãos de Bourbon, que cometida
A sua sorte se acha; este ganhando
Os corações de todos, une a todos;
Ao seu poder o Exército sujeito,
Outro Chefe não tem, nem outra Igreja:
Luiz,[5] Pai dos Bourbons, lá desse seio
Dos imortais, fixava as ternas vistas
Sobre ele, pois só nele o esplendor forte
Da sua geração vaticinava;
Seus erros sente, seu valor estima,
Com a Coroa devia um dia honrá-lo,
Mas ilustrado o quer: No entanto Henrique,
Por caminhos ocultos, que ele mesmo
Desconhecia, à suma glória ascende:
Luiz, dessas alturas, lhe prestava
O socorro, porém esconde o braço,
Que estendia por ele, porque estando
Da vitória Senhor, não conseguisse
Com o menor perigo menos glória.

Junto às suas muralhas mutuamente
Já os dois Partidos tinham balanceado
Mais de uma vez as sortes; já furiosa
A carnagem nos campos assolados
Davam a ver da cólera dois mares,
Quando a Bourbon Valois este discurso
Dirige interrompido dos suspiros.
"A que ponto o destino hoje me humilha,
"Vós o estais vendo; a minha injúria é vossa;
"Ao seu Príncipe oposta a Liga infame,
"Contra ele erguendo a fronte sediciosa,
"No seu furor a ambos nos confunde,

---

[5] *São Luiz IX, do nome Rei de França; tronco de que nasce o ramo dos Bourbons.*

"Nos persegue; já não nos reconhece;
"A mim, que sou seu Rei, Paris resiste
"E a vós que o deveis ser, se não sujeita:
"Sabe que as Leis, que o mérito, que o sangue
"A este lugar, depois de mim, vos chamam,
"Por temer desde já vossa grandeza,
"Do Trono, em que vacilo, vos exclui;
"Da Religião na cólera terrível
"Fatais excomunhões[6] se vos fulminam;
"Roma, que leva a guerra a toda a parte
"Sem soldados possuir, nas mãos da Espanha
"Há posto os seus trovões: à fé faltaram
"Os Vassalos, parentes, e os amigos,
"Todos me fogem, todos me abandonam,
"Ou se armam contra mim; o Espanhol chega,
"Que enriquecido vem com minhas perdas,
"Os meus Campos talando já desertos:
"À vista pois de tantos inimigos,
"Que ultrajar me desejam, o Estrangeiro
"Em meu socorro à França se convoque;
"Da brilhante Rainha dos Ingleses
"O coração ganhai muito em segredo;
"Sei que entre eles, e nós, imortal ódio
"Unir-nos raras vezes nos consente;
"Êmula de Paris foi sempre Londres;
"Mas depois das afrontas, com que eu vejo
"Minha glória murchar-se, já não tenho
"Mais Vassalos, nem Pátria; eu aborreço,
"E quero punir Povos tão odiosos;
"Qualquer, que me vingar, eu o reputo
"Por Francês a meus olhos; nesta empresa
"Eu não ocuparei algum daqueles
"Meus agentes ocultos por inertes;
"A vós somente imploro; sendo vossa
"Uma palavra, basta porque eu tenha
"Na minha dita os Reis interessados:
"Ide pois a Albião, que o vosso nome,
"Falando aí por mim, imensas tropas

---

[6] *Henrique IV, Rei de Navarra havia sido solenemente excomungado por Sixto V, e declarado incapaz de suceder na Coroa de França.*

"Eu vejo me conduz; meus inimigos
"Vencer espero pelo vosso braço,
"E amigos me darão vossas virtudes."

Falou, e o Herói ativo, que zeloso
Da sua glória, teme o dividi-la,
Ouvindo-o se ocupou de uma dor justa:
Sentia os doces tempos agradáveis
Ao seu coração grande, quando forte
Só com o seu valor, sem mais socorro,
Fazia com Condé[7] tremer a Liga:
Mas de um Rei foi preciso que cumprisse
Os desígnios; suspende entanto os golpes,
Que a sua mão vibrava: assim deixando
Os louros, que colheu sobre estas margens,
A partir destes campos já se esforça;
Os soldados atônitos ignoram,
Qual seja o seu intento, esperam todos
Ver, a que se destina o seu retiro;
Ele parte. Entretanto a criminosa
Cidade o crê presente, e sempre pronto
A ir sobre ela; o seu augusto nome
(Que era do Trono o mais seguro arrimo)
A aterrava, e por ele combatia.

Já os Campos Neustrianos atravessa;
Nenhum de seus validos o acompanha
Senão Mornay,[8] Mornay seu confidente,
Mas nunca adulador; virtuoso apoio
Do erro, e do seu Partido; que no zelo,
E na prudência insigne, serviu sempre
Com igualdade à sua Igreja, e à França;
Censor dos Cortesãos, da Corte amado,
Contrário a Roma, mas de Roma aceito.

---

[7] *Era Henrique Príncipe de Condé, filho de Luiz, morto em Jarnac.*
[8] *Duplessis Mornay, o mais virtuoso, e o maior homem do partido Protestante, era chamado o Papa dos Huguenotes.*

Onde entre dois rochedos o mar brama,
E quebra as suas ondas espumantes,
Feliz porto ao Herói Dieppe ofrece;
Ao embarque se apressam com ardência
Os marinheiros: feros dominantes
Das ondas são as Naus, que estão já prontas
A voar sobre as líquidas planícies:
Nos ares prezo o Bóreas impetuoso,
Sopra o benigno Zéfiro nos mares;
Levam âncora, a terra já lhes foge,
Descobrem logo as praias desejadas.

O astro maior do dia de repente
Se escurece; o ar se turba, o Céu troveja,
O mar bramir ao longe já se escuta;
Sobre as vagas fatais soltam-se os ventos
Os raios cintilando estão das nuvens,
O fogo dos relâmpagos, o abismo
Das ondas espantosas a ver davam
Por toda a parte a morte aos marinheiros.

O Herói, a quem cercava um mar furioso,
No perigo não cuida, só nos males
Que são da Pátria; a ela volta os olhos,
Nos seus vastos projetos culpa os ventos,
Que lhe embargam assim os seus destinos:
Tal, e menos brioso, Cesar,[9] quando
Nas ribeiras de Épiro disputava
O Império do Universo; às ondas crespas,
Aos impetuosos ventos entregando
O destino da terra, e o dos Romanos,
Já a Pompeu, já a Netuno desafia,
Sua fortuna opondo à tempestade.

Deus então; esse Deus, que é do Universo,
Que sobre os ventos voa, e excita os mares;

---

[9] *Júlio César, em Épiro, se embarcou ocultamente de noite sobre o pequeno rio Bolina em um barco de doze remos, para ir em pessoa em busca das suas Tropas, que estavam no Reino de Nápoles, e aí padeceu uma furiosa tormenta.*

O Deus, cuja inefável, e profunda
Sabedoria forma, exalta, e abate
Os Impérios do mundo, do seu Trono,
Que na altura dos Céus em luzes brilha,
Se digna sobre o Herói fitar seus olhos:
Ele o guia; ele ordena às tempestades,
Que a Nau levem às praias que estão perto
Onde à vista parece, que do seio
Das águas sai Jersey; lá conduzido
Pelo Céu aportou o Herói valente.

Não longe desta praia corre um bosque,
Cujas sombras convidam ao descanso;
Das ondas ao furor ali se oculta
Por um rochedo, e ao mesmo tempo os ventos
Perturbar-lhe não podem o repouso:
Junto uma gruta está, cuja estrutura
Deve por simples todo o seu ornato
As mãos da natureza. Tempo havia
Que um venerando Ancião, longe da Corte,
A doce paz buscou nesta morada
Tenebrosa, aos mortais desconhecida:
De inquietações isento, era ali, onde
Fazia de si mesmo o seu estudo,
Onde chorava os seus inúteis dias,
Que o mundo lhe levara em vãos prazeres;
Sobre o inocente esmalte destes campos,
À borda destas fontes submetia
A seus pés as paixões da humanidade;
Tranqüilo ele esperava, que à medida
De seu desejo a morte se chegasse,
Para ao seu Deus unir-se para sempre;
Esse Deus, que ele adora, é quem protege
Seus já pesados anos, quem permite,
Desça a Ciência sobre o Solitário,
Quem liberal enfim de seus tesouros
Lhe patenteia o livro dos destinos.

Este Ancião ao Herói, cujo caráter
Deus lhe faz conhecer, junto à corrente
De uma sonora fonte lhe oferece

Um banquete campestre; costumado
Era o Príncipe a estas iguarias;
Muitas vezes debaixo da choupana
Humilde do Pastor, fugindo ao ruído
Das Cortes, e buscando-se a si mesmo,
Ele o esplendor depunha do diadema.

A turbação fatal da Cristandade
Lhes foi assunto a um entretimento;
Mornay na sua Seita era constante,
E ao Calvinismo dava apoio forte;
O Herói inda duvida, e aos Céus implora,
Que um raio de luz venha abrir-lhe os olhos:
A verdade sagrada[10] (ele dizia)
Foi para com os fracos mortais sempre
De erros cercada; em Deus somente o amparo
É preciso esperar, e que no entanto
Eu ignore as estradas, que a ele guiam;
Um Deus tão bom, e que domina no homem
Porque não quer, não é inda servido:
Adoremos de Deus (o Ancião responde)
Os desígnios, mas nunca lhe imputemos
Os defeitos dos homens; eu em França
Vi nascer noutro tempo o Calvinismo
Humilde, e fraco, sem favor crescendo,
Eu o vi desvalido, desterrado
Dos nossos muros, sempre a passos lentos
Por ocultos rodeios avançar-se;
Agora enfim meus olhos estão vendo
Bem do centro do pó este fantasma

---

[10] *Pela introdução do pecado ficou o entendimento do homem tão enublado, que já ele era incapaz de descobrir por si o caminho verdadeiro para a sua felicidade. Não bastando pois a razão para obter este fim, foi necessária uma revelação Celeste, que ensinasse ao homem as suas obrigações respectivas a Deus; mas esta devia ter aquelas indispensáveis notas, pelas quais se fizesse conhecer, e acreditar dos Povos todos. Em todo o tempo ela foi necessária, e claramente visível às luzes mesmas da razão, às quais só o homem por sua culpa podia fechar os olhos: logo, é claro que as expressões do A., que ele põe na boca de Henrique IV, são nascidas do erro, e da ignorância, que ele tinha do verdadeiro sistema da Religião. (Nota da primeira edição.)*

Monstruoso levantar a frente altiva,
Colocar-se no Trono, ali insultar-nos,
Com um pé desdenhoso, e cheio de ira,
Lançar por terra enfim nossos altares:
Quis nesta gruta então, longe da Corte,
Da minha Religião chorar a injúria:
Uma esperança os meus cansados dias
Aqui consola ao menos; vejo um culto
Que por novo não pode durar sempre;
Do capricho dos homens há tirado
O ser que tem, ver-se-á também que acaba
Como se viu nascer; as obras do homem
São tão frágeis, como ele; Deus dissipa,
Quando quer, os desígnios orgulhosos;
Só ele é sempre estável: em vão pensa
A malícia em destruir esse edifício
Da Cidade bendita, a quem Deus mesmo
Quis firmar os sagrados fundamentos,
Que triunfam do inferno, e das idades:
A vós, grande Bourbon, o Deus imenso
Se fará conhecer; vós ilustrado
Vereis, que terão fim vossos desejos;
Deus vos há escolhido, e nos combates
Vossos passos conduz a mão Suprema
Ao Trono dos Valois; a voz terrível
Se escuta já, que ordena se preparem
Os caminhos da glória para Henrique:
Mas se a sua verdade não ilustra
Vosso espírito, crede-me, que entrada
Nos muros não tereis do Paraíso:
Evitai sobretudo uma fraqueza
Que os corações maiores entorpece;
De um gostoso veneno, de um agrado
Encantador fugi, vede com susto
Sempre vossas paixões, e se algum dia
Vos combater amor, sabei vencê-lo.
Quando por um esforço enfim Supremo
Triunfado tiverdes dos da Liga,
E o que é mais, de vós mesmo, quando em cerco
Horrível, e apontado nas idades,
Se veja todo um Povo consternado

Alentar-se dos vossos benefícios,
Nesse tempo então do vosso Estado
Terão fim as misérias, vós os olhos
Ao Deus de vossos Pais ireis erguendo;
Vereis, que um coração, que é justo, pode
Nele esperar; parti; quem se assemelha
A Deus, seguro está do seu auxílio.

Cada palavra, que ele proferia,
Era um raio de luz, que penetrava
Henrique até o fundo da sua alma;
Ele então se imagina transportado
Àqueles doces tempos, em que o Eterno
Deus dos homens com eles praticava;
Em que a simples virtude dos milagres
Era dispensadora, tinha império
Sobre os Reis, e os Oráculos rendia.

O Herói a seu pesar o Ancião virtuoso
Já deixa, e abraça, lágrimas vertendo
De seus olhos; e desde o mesmo instante
A aurora viu daquele feliz dia,
Que para ele ainda não brilhava:
Mornay sim pareceu ser surpreendido,
Mas tocado não foi; não se lhe havia
Deus, Senhor dos seus dons, feito patente;
Não lhe serviu na terra ter de sábio
O nome, pois no meio das virtudes
Teve em repartição somente o erro:
Enquanto o raro Ancião, por Deus instruído,
O Príncipe entretinha, e lhe falava
Ao coração, os ventos impetuosos
À voz do Céu de todo se aplacaram;
O Sol torna a luzir, mar sossega,
Até às praias Bourbon é conduzido,
Parte, e aos mares de Albião dirige a proa.

À vista de Inglaterra ele consigo
Deste potente Império vê, e admira
A mudança feliz; onde um abuso
Continuado de Leis tantas, e sábias,

Causou por muito tempo os infortúnios
Do Povo, e dos seus Reis; sobre este teatro
Sanguinoso, em que cem Heróis morreram;
Sobre este Trono augusto, e vacilante,
De que um cento de Réis tem procedido,
Uma mulher se vê, que subjugando
A seus pés os destinos, assombrava
Com o esplendor do seu Reino o mundo todo.
Sim, tal era Isabel, cuja prudência
Da Europa propender fez a balança
Para a sua eleição; que fez, que o jugo
O indomável Inglês contente amasse,
Ele que nunca pôde altivo, e forte
Nem servir, nem viver em liberdade:
No seu Reinado os Povos suas perdas
Esquecido tem já; estão cobertos
Seus Campos de rebanhos alentados,
As lavouras de pão, de Naus os mares;
Eles se vêem temidos sobre a terra,
Sobre as águas são Reis, as suas frotas
Subjugando imperiosas a Netuno,
Dos fins do mundo chamam as riquezas;
Londres bárbara foi antigamente,
Hoje é o centro das artes, do Universo
Ela é hoje o armazém, templo de Marte:
De Westminster[11] nos muros três estados
Se ajuntam, pela união sempre admiráveis;
Deputados do Povo, o Rei, e os Grandes;
Se pelos interesses divididos,
Reunidos pela Lei; todos três membros
De um invencível corpo, perigoso
A si mesmo, terrível aos vizinhos;
Feliz, se o Povo, ao seu dever atento,
O poder Soberano não altera;
Mais feliz, quando um Rei afável, justo,
A liberdade pública respeita.
Ah! (exclama Bourbon) quando os Franceses

---

[11] *Em Westminster se junta o Parlamento da Inglaterra: é preciso o concurso das Câmaras dos Comuns, dos Pares, e consentimento dos Reis, para que se possam formar as Leis.*

Poderão, como vós, reunir seguros
A glória com a paz! Que sábio exemplo
Aos Monarcas da terra! A mulher forte
Assim da guerra as portas há fechado,
A discórdia, e o horror, é deste modo
Que aos outros há mandado; um Povo a adora,
Ela a felicidade faz de um Povo.

Chega entretanto o Herói àquela imensa
Povoação, onde só a liberdade
A abundância entretém, divisa a torre
Do vencedor Guilherme,[12] mais ao longe
De Isabel o magnífico Palácio.
Só de Mornay seguido, sem mais pompa,
Sem o ruído vão, e aparatoso,
De que os Grandes se inflamam, mas que atende
Um Herói verdadeiro com desprezo,
Ele busca a Rainha, ele lhe fala;
Serve a sinceridade de eloqüência;
Ele as necessidades em segredo
Lhe expõe da França, e pelas rogativas,
Com que seu coração se humilha, e rende,
Nas suas submissões sua grandeza
Se deu a conhecer: Quê? vós servindo
A Valois! (a Rainha lhe diz logo
Surpreendida) É pois ele quem às margens
Do Tâmisa famoso vos envia?
Vós Protetor de vossos inimigos?
Por um, que é seu rival, me roga Henrique?
Das barreiras do Poente até da aurora
Tocar nas portas, ainda o mundo fala
Das entre vós duríssimas contendas;
E em favor de Valois eu vejo armar-se
O braço, aquele braço, que ele mesmo
Tantas vezes temeu? Suas desgraças
(Diz ele) hão sufocado os nossos ódios;
Era escravo Valois; ele há quebrado
Enfim suas cadeias: feliz sempre

---

[12] *A torre de Londres de um antigo Castelo, edificado justo ao Tâmisa por Guilherme o Conquistador, Duque de Normandia.*

Seria, se da minha fé seguro,
Outro encosto, outro aliado não buscasse,
Que a mim, e o seu valor; mas o artifício
Ele sempre empregou, e fingimento;
Meu inimigo há sido por fraqueza,
E por temor, mas eu enfim me esqueço
Da sua falta vendo o seu perigo;
Eu o venci, Senhora, e vou vingá-lo;
Nesta guerra podeis, grande Rainha,
Sinalar para sempre o vosso nome,
C'roar vossas virtudes sustentando
Nossos direitos, sim podeis não menos
A contenda dos Reis vingar comigo.

Impaciente Isabel manda lhe conte
As turbações da França, e que lhe narre,
Que artifícios, que série de sucessos
Tal mudança em Paris há produzido;
Já a trombeta da Fama (lhe diz ela)
Destas cenas fatais, e sanguinosas
Me há feito sabedora muitas vezes:
Mas sei, que a sua voz por indiscreta,
Na sua ligeireza sempre espalha
Confundida a verdade co'a mentira;
Narrações pouco fiéis escusei sempre;
Porém vós testemunha destes longos
Debates, de Valois vós que haveis sido
Vencedor, ou patrono em todo o tempo,
Explicai-me o nó firme de amizade,
Que hoje a ele vos une; referi-me
Esta mudança extrema; de vós mesmo
Só vós podeis falar mais dignamente,
Individuai-me enfim vossas desgraças,
E as felizes empresas; pensai sempre,
Que é a lição dos Reis a vossa vida.

Ah! (responde Bourbon) será preciso,
Que a memória renove desses tempos
A desgraçada história! O Céu quisesse
(Pois que ele é testemunha de meus males)
Que ocultasse um eterno esquecimento

Fealdades tantas! Ah! por que, Rainha,
Mandais vós, que os furores, e a vergonha
Dos Príncipes vos cante do meu sangue,
Quando a esta lembrança tão somente
O coração no peito tremer sinto!
Mas sois vós, quem o ordena; eu obedeço;
Sendo outro o que falasse, poderia
Disfarçar com indústria seus delitos,
Astuto desculpar sua fraqueza;
Este artifício não se fez, Senhora,
Para meu coração, a minha fala
Não é de Embaixador, é de soldado.

CANTO II

ARGUMENTO

Henrique o Grande conta à Rainha Isabel a história das infelicidades da França. Ele passa a buscar a origem delas, e refere com individuação os Massacres de São Bartolomeu.

Rainha, todo o excesso desses males,
Que experimenta a França, é certamente
Tanto mais espantoso, quanto a origem
Deles é mais sagrada; o cruel zelo
Da Religião é sempre, quem as armas
Nas mãos vai pôr de todos os Franceses;
Entre Genebra[13] e Roma[14] eu não decido,
Qualquer nome Divino que os Sectários
Lhe dêem, de ambas as partes tenho visto
A impostura, e o furor; e se a perfídia
Nascida do erro é só; se nas disputas,

---

[13] *Muitos historiadores pintaram a Henrique IV flutuando entre as duas Religiões.*

[14] *Se a Religião Católica Romana derivasse a sua dignidade e esplendor das ações de alguns de seus indivíduos, e não do seu augusto Chefe, o mesmo filho de Deus, que a fundou, teria razão de assim pensar Henrique IV. Ora é constante entre os bons Teólogos que o sistema do Cristianismo tão longe está de favorecer a perseguição dos Hereges, que pelo contrário os seus mais sólidos princípios refutam esta destruidora opinião. É verdade que a carnagem de São Bartolomeu foi apoiada de alguns Teólogos, mas não há coisa por mais santa que seja de que os homens não tenham abusado para os seus perversos desígnios. Ao mesmo tempo em que os Calvinistas se não podem queixar a este respeito dos Católicos, porque eles nada mais fizeram que servirem-se do exemplo que Calvino mesmo antes tinha dado, fazendo queimar publicamente em Genebra o desgraçado Servero, e outros, que foram vítimas infelizes do seu furor. Sistema horroroso, que continuam ainda a defender os seus sequazes! (Nota da primeira edição.)*

A que a Europa se entrega, eu vejo a morte,
E a traição ser o selo da mentira,
São inumanos ambos os partidos,
Tanto no crime, como na cegueira;
Por mim, que só do Estado procurando
A defesa, o cuidado da vingança
Aos Céus sempre deixei, jamais se há visto,
Que excedendo os poderes, o incensório
Com indiscreta mão eu profanasse;
E pereça a política horrorosa,
Que sobre os corações haver pretende
Despótico domínio; que procura
Com o ferro na mão voltar os homens;
Que com o sangue herético os Altares
Só intenta regar, e que seguindo
Por guia um falso zelo, ou interesse,
Só serve a um Deus de paz com homicídios.

Provera ao Eterno Deus, cuja lei busco,
Que a Corte de Valois, como eu, pensado
Tivesse; mas o escrúpulo não move
Nem um nem outro Guise;[15] são de um Povo
Muito crédulo os Chefes ambiciosos,
Que cobrindo os seus próprios interesses
Co' interesse do Céu tem conduzido
Ao laço muitas almas, tem armado
Sua piedade cruel em minha ruína;
Os nossos Cidadãos eu vi com zelo
Degolarem-se; eu vi que eles corriam
Com os fachos na mão para a carnagem,
Sem assaz compreenderem os motivos:
Vós conheceis o Povo, e ao que se atreve,
Quando pensa do Céu vingar a causa;
O véu da Religião lhe cinge os olhos,
E faz da sujeição que rompa o freio:
Vós o sabeis, e a vossa providência
O mal, quando no berço, há sufocado:

---

[15] *Francisco, Duque de Guise, chamado comumente o grande Duque de Guise, era o pai de Balafré. Foi ele, o que com o Cardeal seu irmão lançou os fundamentos da Liga.*

A tempestade apenas se formava
No vosso Reino, quando cuidadoso
Vosso espírito soube preveni-la,
Depois vossa virtude sossegá-la;
Vós, Senhora, reinais, Londres é livre,
Vossas leis florescentes. Há seguido
Outros caminhos Médicis diversos:
Se às tristes narrações talvez sensível
Me perguntais por Médicis qual era,
O sabereis ao menos de uma boca
Ingênua; muito dela se há falado,
Mas pouco conhecido; do seu ímpio,
Profundo coração pouco sondado
Se tem as dobras; eu porém vinte anos,
Que me nutri na Corte de seus filhos,
Que outros tantos nascer vi as tormentas
Debaixo de seus pés, a meu perigo
Tenho bem aprendido a conhecê-la.

Na melhor flor dos anos esperando
O esposo, pôde a sua ambição rara
Correr livre ao seu fim; qualquer dos filhos,
Que ela nutriu debaixo da tutela,
Se fez seu inimigo desde o ponto,
Que sem ela reinou; do Trono em roda
Semeavam suas mãos confusamente
O ciúme, e a divisão; não se escusava
De opor sempre com máxima segura
Os Guises aos Condés a França à França;
Pronta sempre a ligar-se aos seus contrários,
Já muda de interesses, já de amigos,
E de rivais; escrava do apetite,
Mas menos que ambiciosa, há sido injusta,
À sua Seita infiel,[16] supersticiosa;
E por tudo dizer tinha do sexo
Os defeitos, e pouco das virtudes:

---

[16] *Catarina de Médicis deu crédito à Mágica; testemunham os Talismãs que se lhe acharam depois da morte.*

À minha ingenuidade esta palavra
Me escapou, perdoai; enfim, Senhora,
Não sois vós neste sexo compreendida;
Sim, na augusta Isabel nada se encontra,
Que admiração não seja; o Céu, que soube
Formar-vos, a reger vossos Estados,
Vos fez também servir de exemplo a todos,
E entre os grandes Heróis vos conta a Europa.

Já Francisco II por um modo
Não previsto se havia trasladado
Ao sepulcro, e a seu Pai se havia unido;
Frouxo mancebo, que de Guise amava
Os caprichos; de quem inda se ignora,
Quais as virtudes, quais os vícios fossem.
Carlos mais moço apenas tinha o nome
De Rei; Médicis só é quem reinava;
Sujeito às suas leis tremia tudo:
Logo a sua política severa,
Por segurar o mando, parecia
Querer eternizar do filho a infância;
A sua mão o fogo da discórdia
Acendendo, firmou-lhe o novo Império
Por cem combates; ela armou as iras
Dos dois rivais partidos; Dreux,[17] que logo
Viu as fatais bandeiras despregadas,
Foi o teatro espantoso das primeiras
Empresas; o infeliz velho guerreiro
Montmorency,[18] dos Reis junto ao sepulcro,
De um mosquete ferido, eis a carreira
Terminou de cem anos de trabalho;
Guise, perto de Orléans, assassinado

---

[17] *A batalha de Dreux foi a primeira batalha regular que se deu entre os dois partidos, em 1562.*
[18] *Anne de Montmorency, homem obstinado e inflexível e o General mais desgraçado do seu tempo. Foi prisioneiro em Pavia, e em Dreux; derrotado por Filipe II em São Quintino e morto finalmente na batalha de São Dênis por um Inglês chamado Stuart, o mesmo que o tinha aprisionado em Dreux.*

Morreu; o Rei meu Pai[19] infelizmente
Foi prisioneiro à Corte: desvalido,
E obrigado a servir sempre à Rainha.
Sua incerta fortuna com afrontas
Foi sempre que nutriu, e preparando
Com sua própria mão suas desgraças,
Combateu a favor dos inimigos,
E morreu pelos seus perseguidores:
Condé,[20] que viu em mim o único filho
De seu querido irmão, me adotou logo;
Foi meu Pai, e por Mestre o tive sempre;
Foi seu campo o meu berço, onde educado
Nas fadigas, por entre o pó, e o fumo,
À sombra dos loureiros, junto a ele
A indolência da Corte desprezava;
Da minha infância o jogo há sido a guerra:
O campos de Jarnac! Golpe inumano!
Bárbaro Montesquieu, mais assassino,
Que guerreiro! Condé já de cansado
Debaixo foi cair da tua fúria;
Eu vi erguer-se o golpe, eu vi cortares
Sua vida preciosa; eu inda moço,[21]
Meu braço débil, ah! que não podia
Prevenir, nem vingar a sua morte!

O Céu, que de meus anos protegia
A fraqueza, fiou dos Heróis sempre
O cuidado da minha mocidade:

---

[19] *Antônio de Bourbon, Rei de Navarra e Pai de Henrique IV, tinha um espírito fraco e indeciso. Renunciou ao Calvinismo, em que havia nascido, no mesmo tempo em que sua mulher abandonou a Religião Católica: ele não soube nunca bem de que partido, ou comunhão, era. Foi morto no sítio de Rouen, servindo o partido dos Guises, que o oprimiam, contra os Protestantes, que estimava: morreu em 1562.*
[20] *O Príncipe de Condé, de que aqui se trata, era irmão de Antônio de Bourbon Rei de Navarra, e Tio de Henrique IV, por muito tempo Chefe dos Protestantes, e grande inimigo dos Guises.*
[21] *Henrique IV não tinha mais do que 14 anos e já então notou os erros que fizeram perder a batalha.*

Coligny,[22] de Condé sucessor digno,
De mim não menos, que do meu Partido,
Se há feito defensor; tudo lhe devo,
É força que o confesse; se hoje a Europa
Me louva de uma pouca de virtude,
Se Roma mesma estima muitas vezes
Minhas ações, a vós ilustre sombra,
A vós é que eu o devo; eu avultava
Debaixo de seus olhos; meu esforço
Juvenil muito tempo fez da guerra
Um duro ensaio: sim, com o seu exemplo,
Dos Heróis me instruía na grande arte:
Eu via este guerreiro encanecido
Nos trabalhos, o peso sustentado
De uma causa comum, tendo contra
De Médicis as forcas, e a fortuna;
Do seu Partido amado, do contrário
Tido sempre em respeito; nas batalhas,
Inda quando infeliz, sempre temido;
Se sábio nos combates, também sábio
Nas retiradas; inda mais glorioso,
Maior, mais espantoso nas derrotas
Que Dunois, e Gastão jamais o foram
Na carreira triunfante da fortuna.

Dez anos de sucessos, e de perdas
Eram passados; Médicis, que via
Nossas campanhas cheias de um Partido
Renascente, que extinto já supunha,
De combater enfim deixa o projeto,
E de vencer sem fruto; de um só golpe,
Sem mais tentar esforços por inúteis,
Se propôs acabar civis discórdias:
A Corte então de seus favores franca,
Nos oferta atrativos: não podendo
Vencer-nos até ali, a paz nos rende;
Mas que paz! Justo Deus! Deus de vingança,

---

[22] *Gaspard de Coligny, Almirante de França, filho do Marechal do mesmo nome, e de Luiza de Montmorency, nasceu em Châtillon a 16 de fevereiro de 1519.*

Que eu chamo a testemunho! Que de sangue
Sobre a funesta Oliva não se espalha!
Ó Céus! É pois assim, que os Reis aplanam
Os caminhos do crime a seus Vassalos!

Coligny; que fiel dentro em si fora
Ao seu Príncipe, a França sempre amava,
Quando mesmo contra ela combatia:
A ocasião estimou, porque segura
Parecia ficar do Estado a aliança;
Um Herói raras vezes desconfia;
Ele a seus inimigos sem remorso
Vem cheio de confiança; ele até o centro
Do Louvre enganador meus passos guia:

Com lágrimas nos olhos me recebe
Médicis em seus braços, e as ternuras
De Mãe por muito tempo me dispensa;
A Cologny segura uma amizade
Firme, e sincera; quer por seus conselhos
Desde então regular-se; já de empregos
O reveste, enche-o já de benefícios;
Aos meus, a quem engana uma esperança,
Dos favores do filho ela concede
A aparente lisonja; ah! nós tranqüilos
Nos julgávamos já por muito tempo:
Estas pérfidas graças por dolosas
Alguns tinham; as dádivas (diziam)
De um inimigo sempre são suspeitas:
Quanto mais desconfiavam, mais sabia
O Rei fingir; pouco antes ao perjúrio,
E ao engano, na sombra do segredo,
Médicis costumado havia o filho;
Aos delitos moldava aquele tenro,
E fácil coração; às lições dócil
O Príncipe infeliz, pronto a segui-las,
Pelo gênio feroz, que o estimulava,
Mostra o muito, que havia aproveitado
Em tão péssima escola; ocultar sabe

Inda mais um tão pérfido segredo
Dando-me sua irmã;[23] irmão me chama;
Nome fatal, que assim me hás enganado!
Vãos juramentos! Himeneu funesto,
Tu primeiro sinal de nossos males!
Teus fachos, que acendeu o Céu irado,
A ver me dão de minha Mãe[24] a morte;
Eu injusto não sou, nem todavia
Quero imputar a Médicis a causa,
Fujo a talvez legítimas suspeitas,
E crimes procurar-lhe não preciso:
Minha Mãe espirou, perdoai, Rainha,
As lágrimas, que agora uma lembrança,
De si tão terna, arranca às minhas dores:
A hora enfim chegou, e tudo pronto
Ao êxito fatal premeditado.

Sem tumulto, e sem ruído deu-se a senha;
Da noite as sombras tudo apadrinhavam;
Do infeliz mês[25] a desigual carreira
A luz trêmula como que escondia
De horror, e espanto; Coligny languente
Nos braços do repouso descansava,
E o sono enganador as dormideiras
Sobre ele repetia; de improviso
Mil gritos, e alaridos espantosos
Deste grato descanso seus sentidos
Vem arrancar; levanta-se turbado
Repara, vê correr de toda a parte
A tropa de assassinos em tumulto,
Em torno vê luzir os fachos, e armas,
Seu Palácio abrasado, o mais do Povo

---

[23] *Margarida de Valois, irmã de Carlos IX, casou com Henrique IV em 1572, poucos dias antes dos Massacres.*
[24] *Joana de Albret, Mãe de Henrique IV, foi atraída a Paris com o resto dos Huguenotes, e morreu quase subitamente entre o casamento de seu filho e a São Bartolomeu, porém Caillard, seu Médico, e Desnoeuds, seu Cirurgião, Protestantes apaixonados, que abriram o seu cadáver, não acharam nele algum sinal de veneno.*
[25] *Na noite de 23 para 24 de Agosto, véspera de São Bartolomeu, em 1572, foi que se executou esta sanguinolenta tragédia.*

Em espanto, seus servos sufocados
Nas chamas, e de sangue todos tintos,
Em chusmas os traidores, na carnagem
Enfurecidos, a alta voz levantam
"A ninguém se perdoe, é Deus que o manda
É Médicis, é El-Rei, que o determina"
De Coligny o nome soar ouve,
O moço Teligny[26] vê vir ao longe,
Teligny, cujo amor há merecido
Sua filha, ele a única esperança
Do Partido, da sua casa a honra,
Que ferido, e arrastado dos malvados,
Do seu sangue coberto, lhe pedia
Vingança só, e lhe estendia os braços.

Mas o Herói infeliz sem ter defesa,
E sem armas, pensando ser preciso
O morrer, e morrer sem mais vingar-se,
Quis ao menos morrer, como vivera,
Acabando com glória, e com virtude.

Já a imensa coorte de assassinos
Do salão, em que estava, busca a porta
E a pretende quebrar, mas ele, abrindo-a,
Se apresenta a seus olhos com aquela
Vista serena, e rosto majestoso,
Tal quando nos combates mais violentos,
Senhor do seu valor, e bem tranqüilo;
Instava, ou impedia a mortandade.

A este ar venerável, ao augusto
Aspecto os matadores surpreendidos,
De respeito se encheram: uma força
Desconhecida as iras lhes suspende;
Companheiros (lhes diz) findai a obra,

---

[26] *O Conde de Teligny havia dez meses que se tinha recebido com a filha do Almirante, e era de tão agradável presença, que os primeiros que chegaram para o matar se deixaram enternecer à sua vista, porém, depois outros mais bárbaros o massacraram.*

E do meu frio sangue estes já brancos
Cabelos salpicai, que quarenta anos
Há respeitado a sorte dos combates;
Feri, nada temais, eu sei, que a morte
Coligny vos perdoa; a minha vida
É pouca coisa; sim, eu vo-la entrego,
Já que em vosso favor dá-la não posso...

Ao dizer isto os Tigres se lhe prostram;
Um lança fora as armas só de espanto,
Outro lhe abraça os pés, e os umedece
Com lágrimas: cercado este grande homem
Assim dos assassinos, parecia
Rei potente adorado do seu Povo.

Besme,[27] que a sua vítima esperava
Na Corte, corre, avança-se indignado
Da mora do seu crime; a apressar sobe
Ansioso os vagarosos assassinos;
Ele aos pés deste Herói os vê tremendo:
A tão tocante objeto ele somente
Inflexível se mostra; ele à piedade
É sempre o que resiste; imaginava,
Que era traidor a Médicis, e que era
Delinqüente, se acaso surpreendido
Fosse de algum remorso, e assim por meio
Rompe da imensa turba a passos largos:
Com um semblante intrépido o esperava
Coligny; de improviso aquele monstro,
Todo fúrias, no peito a dura espada
Lhe atravessa, voltando dele os olhos,
Receando este cruel, que o rosto augusto
Com um golpe de vista não fizesse
Tremer-lhe o braço, e diminuir-lhe o esforço.

Do maior dos Franceses tal, Senhora,
A triste sorte foi; ainda o insultam,

---

[27] *Besme era um Alemão doméstico da casa de Guise.*

E além da morte o ultrajam;[28] seu cadáver
Todo ferido a golpes, e privado
De sepultura, às aves devorantes
Serviu de indigno pasto; é transportada
De Médicis aos pés sua cabeça,
Digna conquista dela, e de seu filho;
Indiferente Médicis a atende,
Sem mostrar que a alegrava aquele fruto
De tão cruel vingança, sem remorso,
Sem júbilo, dos seus sentidos livre,
E como a tais ofertas costumada.

Quem pudera expressar agora as ruínas,
De que esta cruel noite a nossos olhos
Presentou as imagens! Foi a morte
De Coligny prelúdio das desgraças,
Fraco ensaio de todos os mais danos:
De um Povo de assassinos, grossas tropas
Por zelo, e por dever, enfurecidas
Na carnagem, sem tino assim marchavam
Na mão o ferro, os olhos cintilando,
Sobre os corpos, ou mortos, ou feridos,
De nossos irmãos: Guise[29] em frente deles
Em cólera abrasado, como que a alma
De seu Pai sobre os meus vingar queria.
Nevers,[30] Gondy,[31] Tavanne[32] com a espada
Na mão os animavam aos transportes
Do zelo mais cruel; dos criminosos

---

[28] *Penduraram ao Almirante de Coligny pelos pés com uma corrente de ferro na forca de Montfaucon.* Carlos IX *foi com a sua Corte gozar deste horrível espetáculo; e dizendo-lhe um dos Cortesãos que o corpo de Coligny cheirava mal, respondeu o Rei como Vitellio, "O corpo de um inimigo morto sempre cheira bem."*

[29] *Era Henrique, Duque de Guise, chamado o Balafré, filho do Duque Francisco, de que acima se falou.*

[30] *Frederico Gonzaga, da casa de Mântua, Duque de Nevers, um dos autores do São Bartolomeu.*

[31] *Alberto de Gondy, Marechal de Retz, favorecido de Catarina de Médicis.*

[32] *Gaspar de Tavanne, pajem de Francisco I. Ele corria pelas ruas de Paris na noite de São Bartolomeu, clamando: "Sangrai, sangrai, porque a sangria é tão boa no mês de Agosto como no mês de Maio."*

Mostrando-lhes a lista, lhes marcavam
As vítimas, que são do sacrifício.

Eu não vos pintarei, qual o tumulto,
Quais os gritos, e o sangue que corria
Por toda a parte: o filho assassinado
Sobre o corpo do Pai; a Mãe co'a filha
O irmão co'a irmã, mesmo os esposos
Que abraçados nos leitos expiravam,
Esmagados nos berços os filhinhos
Com duras pedras; nada enfim se estranha
Nos homens, quando mais enfurecidos;
Mas o que se fará para o futuro
Somente incompreensível é, Rainha,
O que podeis apenas crer vós mesma
É, que os Monstros fatais da tirania
Furiosos, excitados pelas vozes
Dos sanguinários Padres,[33] invocavam
O Senhor das alturas na carnagem
De seus irmãos, e o braço assim manchado
Do sangue de inocentes se atrevia
Ofertar ao bom Deus tão ímpio incenso.

Oh! e quantos Heróis indignamente
Pereceram! Lá foram ter com os mortos
Renel,[34] e Pardaillan, e vós valente
Guerchy,[35] vós Lavardin sábio, e bem digno
De mais vida, e de haver melhor fortuna:

---

[33] *O falso zelo e a superstição têm algumas vezes levado os mesmos Ministros do Santuário aos maiores excessos. Nós o vimos suceder na França nesta ocasião; em Portugal no tempo do grande Rei D. Manoel, e em todas as Nações em diferentes épocas. Porém o crime de uns pouco iluminados deve porventura procurar a infâmia à augusta ordem Sacerdotal? É pois claro que a censura do Autor neste lugar só deve recair sobre aqueles que obraram tão execranda maldade. (Nota da primeira edição)*

[34] *Antonio de Clermont-Renel, querendo salvar-se em camisa, foi morto pelo filho do Barão des Adrets, e por seu próprio primo Bussy d'Amboise. O Marquês de Pardaillan morreu também ao lado dele.*

[35] *Guerchy se defendeu na rua por muito tempo, matou alguns assassinos antes de ser oprimido pelo número, mas o Marquês de Lavardin não teve tempo de arrancar pela espada.*

Dos infelizes, que esta cruel noite
Aos horrores lançou da sombra escura,
Marsillac,[36] e Soubise[37] condenados
A morrerem, defendem algum tempo
Seus dias desgraçados, té que exangues;
Com mil feridas respirando apenas,
Até as portas do Louvre conduzidos
Se viram, e arrastados, com seu sangue
Tingindo-lhe as paredes mentirosas,
Clamando contra o Rei, que os enganara.

Do alto do Palácio a tempestade
Médicis excitando, contemplava
Com sossego esta farsa; os seus validos
Com um curioso olhar desapiedado
Viam um mar de sangue derramar-se
A seus olhos: da Corte em labaredas
As ruínas fatais eram com gosto
Destes Heróis as pompas do triunfo.

Que digo! Ó crime! Ó péssima vergonha!
Ó tu maior dos males! O Rei mesmo,
Carlos o Rei,[38] no meio dos algozes,
Perseguindo os proscritos, que fugiam,
Chega a manchar no sangue dos Vassalos
As suas mãos sagradas; Valois mesmo,
Este a quem hoje sirvo, este que implora
Por mim vosso socorro, dos delitos

---

[36] *Marsillac, Conde de la Rochefoucault, era favorecido de Carlos IX, com quem tinha passado uma parte da noite. Este Príncipe, mostrando alguma vontade de o salvar, chegou a dizer-lhe que dormisse no Louvre, porém afinal o deixou ir, dizendo depois: "Já vejo que Deus quer que ele morra."*
[37] *Soubise tinha este nome por casar com a herdeira daquela casa: ele se chamava Dupont-Quellenec. Defendeu-se por muito tempo, e caiu transpassado de golpes debaixo das janelas da Rainha. As Damas da Corte foram ver o seu cadáver nu e ensangüentado por uma curiosidade bárbara e digna desta Corte abominável.*
[38] *Ouvi de dizer ao último Marechal de Tessé conhecera na sua mocidade um velho, o qual lhe havia asseverado muitas vezes que ele mesmo tinha carregado a espingarda com que o Rei atirara sobre os seus Vassalos Protestantes na noite de São Bartolomeu.*

De um tão bárbaro irmão parcial se há feito;
Ele o furor lhe excita à mortandade,
Não que tenha Valois entranhas feras,
Raras vezes no sangue umedecido
Tem a mão, mas do crime o raro exemplo
Seus anos inda poucos assaltava;
Sua mesma crueldade era fraqueza.

É verdade que alguns na imensa turba
Dos mortos os esforços iludiram
Do ferro matador:[39] Caumont um deles,
Infante juvenil, teve o sucesso,
Que pelo assombro irá de boca em boca
Às gerações futuras: oprimido
Seu velho Pai co'o peso de seus anos,
Deitado entre dois filhos, se entregava
Ao sono; único leito os recebia;
Cegos de ira, os furiosos assassinos
A golpes apressados encravavam
Sobre eles os punhais; então a morte
Voa à ventura sobre o infeliz leito:
Só o Eterno nas suas mãos possui
Nossos destinos; sobre nossos anos
Ele sabe vigiar, quando lhe agrada:
Enquanto em seus furores o homicida
É iluso, Caumont de nenhum golpe,
De nenhum ferro foi jamais ferido;
Um invisível braço em defendê-lo
Armado, a sua infância libertava
Das mãos dos matadores: a seu lado
Seu Pai mesmo acabando com mil golpes,
Co'o seu corpo o cobria todo inteiro,
E os bárbaros assim sendo enganados,
Segunda vez ao filho deu a vida.

Eu entretanto, nestes espantosos
Momentos, que fazia? Ah! que eu seguro
Na fé dos juramentos, e tranqüilo

---

[39] *O Caumont, que escapou neste massacre, é o famoso Marechal de La Force, que viveu depois até a idade de 84 anos.*

Bem no centro do Louvre, onde ao estrondo
Das armas me ocultaram, os encantos
De um suave repouso ainda sentia:
Noite funesta! Sono lastimoso!
Os despojos da morte em despertando
Me instruíram; eu vi sacrificados
Meus mais caros domésticos; o sangue
Por toda a parte os pórticos regava;
Quando os olhos abri, foi para o espanto
De ver, que sobre o mármore acabavam
De degolar os meus os assassinos;
De sangue estes cobertos ao meu leito
Se avançaram, e os braços parricidas
Diante de mim erguem, eu tocando
Da minha sorte o último momento,
Apresento a cabeça, espero a morte.

Mas seja que um antigo alto respeito
Ao sangue dos seus Reis ainda falasse
Por mim no coração destes traidores;
Ou seja, porque a cólera engenhosa
De Médicis achasse ser-me a morte
Suplício muito brando; ou enfim seja,
Que por se assegurar de um porto, enquanto
Durava a tempestade, seu prudente
Furor para reféns me conservasse,
Guarda-me a vida para novas penas,
E logo aos ferros manda que me entregue.

Coligny mais feliz, de inveja digno,
Sim morreu, mas ao menos não perdera
Mais do que a vida, a sua liberdade
Levou, e a sua glória à sepultura...
A esta narração cheia de assombros
Estremeceis, Senhora? Vos surpreende
Tanto horror? Mas de atroz barbaridade
Vos tenho a menor parte decifrado:
Já vos disse que do alto do seu Louvre
Foi Médicis que à França o sinal dera;
Tudo a Paris seguiu; sem resistência
Cobriu a morte em um fatal momento

Toda a face da França; um Rei que estima
O delito é servido prontamente;
Por cem mil assassinos suas iras
Se viram respeitadas; testemunhas
São os rios da França, cujas águas,
Tintas de sangue, aos mares assombrados
Nada mais conduziam senão mortos.

CANTO III

ARGUMENTO

O Herói continua a história das Guerras civis de França. Morte funesta de Carlos IX. Reinado de Henrique III. O seu caráter; o do famoso Duque de Guise, conhecido pelo nome de Balafré. Batalha de Coutras: morte do Duque de Guise; extremidades a que Henrique se vê reduzido. Mayenne é o Chefe da Liga: D'Aumale é dela o Herói. Reconciliação de Henrique, Rei de Navarra: socorro que promete a Rainha Isabel; sua resposta a Henrique de Bourbon.

Quando teve a sentença dos destinos,
Permitido no espaço de alguns dias
Um livre curso a tantas crueldades,
E que dos seus delitos fatigados
Os monstros, embotadas as espadas,
Não tiveram mais vítimas ao ferro;
O Povo, a quem o braço havia armado
A Rainha, por fim abrindo os olhos,
Seus atentados viu; sua piedade
Facilmente sucede à sua fúria;
Ele ouve a voz gemer da sua Pátria;
Carlos logo ele mesmo de horror forte
Se ocupou; o remorso devorante
Penetrou a sua alma; a má cultura
De seus primeiros anos nele havia
Corrompido bastante a natureza;
Porém não sufocado a voz, que assusta,
E que os Reis horroriza sobre o Trono;
Pela Mãe educado, em seus costumes,
E máximas nutrido, não, como ela,
Carlos se endurecia nos delitos:

A flor de seus bons dias a tristeza
Veio enfim a murchar; um langor forte
Lhe abrevia a carreira; Deus sobre ele
Da vingança o furor descarregando
Quis que este Rei morresse, e quis que o selo
Da sua ira enfim o assinalasse,
Servindo de terror o seu castigo
A qualquer, que imitá-lo pretendesse:
Eu o vi expirando; oh quanto a imagem
É espantosa! A meus olhos, inda cheios
De ternura, parece estar presente:
O sangue[40] que das veias lhe vem fora
Com ímpetos mortais, vingava o sangue
Francês por ordem sua derramado;
De uma invisível mão ele conhece
Ser ferido, e de fim tão lastimoso
Em suspensões o Povo lamentava
Na flor da idade um Rei rendido à morte,
Um Rei pelos malévolos no crime
Entranhado, e que à França prometia
Pelo arrependimento, de um governo,
De um Império pacífico a esperança.

À voz, de que era morto, de improviso
O impaciente Valois a toda a pressa
Vem do centro do Norte a estes lugares
(Que da carnagem vil inda fumavam)
De um infeliz irmão ocupar pronto
A triste, quanto ensangüentada, herança.
Neste tempo a Polônia havia posto,
De comum eleição, o afortunado
Valois dos Jagellons[41] no Trono augusto:
Seu nome mais temido, que o dos grandes
Príncipes poderosos, já ganhado
Havia o coração a cem Províncias;
Um nome tão depressa assim famoso

---

[40] *Foi sempre enfermo depois do São Bartolomeu, e morreu quase dois anos depois, em 1574, a 30 de Maio, todo banhado em sangue, que lhe saía pelos poros.*
[41] *Henrique III sucedeu na Coroa a Sigismundo II, Rei de Polônia, último Príncipe da raça dos Jagellons.*

É carga mui pesada; não sustenta
Valois este perigo. Em vão espere
Que agora o justifique; o meu repouso
Posso eu sacrificar-lhe, a minha vida,
Tudo, exceto a verdade, pois só esta
Eu devo preferir-lhe; eu o lastimo,
Eu o amparo inda mesmo, quando o acuso.

Como sombra ligeira, a sua glória
Passado havia; é grande esta mudança,
Porém muito ordinária; tem-se visto
Mais de um Rei das batalhas vitorioso
Voltar, para ir a ser na Corte escravo:
No espírito, Rainha, é que se mostra
O valor verdadeiro, repartidas
As virtudes Valois dos Céus obteve;
É valente, mas fraco; é na verdade
Menos Rei que soldado; ele constância
Na ocasião dos combates só sustenta;
Vergonhosos Validos lisonjeando
Sua indolência, governavam sempre
Seu tíbio coração, como queriam;
Recolhidos com ele ao mais interno
Do Palácio aos clamores lastimosos
Dos Povos oprimidos eram surdos.
Na voz do Rei ditavam Leis funestas:
E quais lhes compraziam; dos tesouros
Da França eles os restos dissipavam,
E o Povo aflito, dando vãos suspiros,
Com o luxo gemia já sem forças,
E pagava os fatais divertimentos.

Entanto que debaixo de um tal jogo
De ânimos cobiçosos, com o peso
Dos subsídios Valois carrega o Estado,
Guise aparece; e o Povo, que é mudável,
Para este astro brilhante bem depressa
Voltou os olhos; seu valor supremo,
A glória de seu Pai, suas empresas,
A graça, o aspecto, o dom inimitável
De agradar (que melhor do que a virtude

Os corações domina) eram encantos,
Com que os votos de todos atraia;
Ninguém melhor do que ele a feliz arte
Possuiu de enganar; maior império
Sobre suas paixões nenhum obteve;
Debaixo de aparências enganosas
Nenhum soube melhor ter encobertas
De seus vastos desígnios as escuras
Profundidades; áspero, soberbo,
Mas dócil, popular; ele dos Povos
As opressões em público sentia,
Dos tributos o peso rigoroso
Mostrava abominar: Quão satisfeito
O pobre, que o buscou, dele se aparta
Ele sabia a tímida indigência
Prevenir, em Paris seus benefícios
Sua presença ao Povo anunciavam;
Dos grandes, que inda mesmo aborrecia,
Soube fazer-se amar; era terrível
No seu nojo, tenaz quando ofendido,
Temerário nos votos, nas idéias
Sempre sábio, brilhante nas virtudes,
E nos vícios; à vista dos perigos
Animoso, guerreiro, afortunado,
Príncipe grande, Cidadão perverso.

Quando por algum tempo de experiência
Seu poder conheceu, e viu que tinha
A inconstância do Povo sujeitado,
Mais se não disfarçou; já sem rebuço
Do Trono do seu Rei o fundamento
Procura destruir, em Paris forma
Aquela fatal Liga, que da França
Infeccionou depressa todo o resto;
Monstro espantoso, que hão nutrido os Povos,
E os Grandes; que, cevados na carnagem,
Tem feito um País fértil em tiranos.

Dois Monarcas a França no seu seio
Então viu, mas um deles não gozava
Mais que de Rei as frívolas insígnias;

Outro porém levando a toda a parte
A esperança, e o assombro, dava indícios,
De que o título vão lhe era escusado.

Do seu letargo enfim Valois desperta;
O ruído, o aparato, a mesma força
Do perigo, que o incita, então lhe abriram
Um momento seus olhos carregados;
Mas, da importuna luz turbada a vista,
Não distingue na força da tormenta
O raio ameaçador, que cintilava
Sobre sua cabeça; e bem depressa
Cansado de um instante só de acordo,
Frouxo outra vez lançando-se nos braços
Do sono, entre as delícias, e os delitos,
Dorme tranqüilo junto aos precipícios.

Eu lhe restava ainda, e tudo pronto
Se via a perecer; ele não tinha
Mais do que eu, quem pudesse dar-lhe auxílio;
Eu herdeiro do Trono depois dele,
Sem vacilar meu braço já dispunha
A ajudá-lo; um arrimo bem preciso
Eu à sua fraqueza oferecia,
Vou salvá-lo, ou com ele vou perder-me.

Porém Guise muito hábil, muito destro
Em ofender, cuidava ocultamente
Um por um destruir-nos; eu que digo!
Obrigou a Valois, que se privasse
Do seu único amparo, em que podia
Fundar as esperanças; o pretexto
Comum da Religião foi um honroso
Véu a este mistério abominável;
Só por esta virtude, que fingia,
Enfurecido o Povo, reanimava
A cólera inda nele mal extinta;
O culto de seus Pais Guise lhes lembra,
E os últimos enormes atentados
Das Seitas Estrangeiras; inimigo
De Deus, da Igreja a todos me pintava.

Bourbon leva (lhes diz) a toda a parte
Os seus erros, seguindo os perigosos
Exemplos de Isabel; ele os seus templos
Vai fundar sobre os vossos destruídos;
Vós vereis em Paris as criminosas
Infames pregações dos seus sectários.

Ah! que a estas palavras todo o Povo
Estremeceu por bem dos seus altares;
Té onde habita o Rei foi conduzido
Um tal assombro; a Liga, que fingia
Ser disso espavorida, dar-lhe o anúncio
Vem da parte de Roma, em voz de que esta
O ligar-se comigo lhe proíbe.
Ah! o Rei muito fraco condescende
Sem resistir, e quando me apressava
Eu único a vingar-lhe a sua injúria,
O irmão de minha Esposa submetido
À vontade da Liga, por perder-me
Se une a seus inimigos; de soldados
A seu pesar enfim enchendo os campos
Por timidez a guerra me declara.

De uma fraqueza tal eu me condôo;
Se o havia de ir vingar, a combatê-lo
Já parto sem demora; em cem lugares
As Cidades, revoltas pela Liga,
Se me opõem, mil exércitos levantam;
Joyeuse com ardor vem atacar-me,
Das fraquezas do Rei Ministro ativo;
Guise, cuja prudência competia
Com seu valor, separa os meus sequazes,
A passagem lhes toma; eu apertado
Por toda a parte, de armas, de inimigos,
A todos desafio, e tento as sortes.

Com o soberbo Joyeuse invisto logo
Em Coutras, vós sabeis sua derrota,
E o seu fim desgraçado; assim, Rainha,
Poupar-vos devo narrações supérfluas.

Não, não posso aceitar vossas escusas
(Diz a augusta Princesa) não consinto,
Que de uma narração seja privada,
Que ao passo que me instrui, me interessa;
Não deixeis este dia, o grande dia
De Coutras; dizei, sim, vossos trabalhos,
Vossas virtudes, Joyeuse, e a sua morte;
Empresas foram vossas, é bem justo
Que o Autor delas deva só contar-mas,
E talvez de as ouvir eu seja digna.
Assim falou: e o Herói ao lisonjeiro
Discurso sentiu logo, que seu rosto
De um ilustre pudor se lhe cobria,
E obrigado a falar da sua glória,
A narração fatal assim prossegue.

De todos os validos, que em seu peito
Valois idolatrava, e que rendiam
Incensos à moleza de um Rei frouxo,
Que enfim lhe davam leis, Joyeuse[42], oriundo
De um sangue bem ilustre entre os Franceses,
De tão alto favor era o mais digno.
Ele tinha virtudes; e se a Parca
De seus bons dias não lhe abreviasse
Neste combate a próspera carreira,
Sem dúvida que a empresas sempre grandes
Sua alma acostumada, inda algum dia
De Guise igualaria a glória, e o nome;
Mas no meio da Corte ele nutrido
Em mãos do amor, no seio dos prazeres,
Não teve que me opor mais que um excesso
De valentia, em um Herói tão moço
Perigosa vantagem. À sua sorte

---

[42] *Anne, Duque de Joyeuse, casou com a irmã da mulher de Henrique III, e na sua embaixada a Roma foi tratado como irmão do Rei: ele tinha um coração digno de sua grande fortuna, e combateu em Coutras contra Henrique IV, então Rei de Navarra. Comparava-se o seu exército ao de Dario, e o de Henrique ao de Alexandre. Foi morto na batalha por dois Capitães de Infantaria chamados Bordeaux, e Descentiers.*

Os bravos Cortesãos em chusma unidos,
Das delícias à morte se avançavam;
Nas cifras amorosas, que traziam,
Por penhor das ternuras, nos vestidos,
Suas Senhoras deram-lhe seus nomes;
As armas com o fogo dos diamantes
Resplandeciam; bem afeminados
Mostravam ser os braços, em que vinham
Tão frívolos ornatos. Tumultuosos,
Ardentes, pouco expertos na milícia,
A arrogante imprudência conduziam
Ao combate; soberbos com tal pompa,
Feros co'a multidão de imensas gentes,
Impetuosos, sem ordem se avançavam.

De esplendor diferente a ver se dava
O meu campo; em silêncio à vista deles
O exército estendido, a qualquer parte
Oferecia só soldados fortes,
No trabalho, e na guerra endurecidos,
Às feridas, e ao sangue costumados;
Era o mosquete, e a espada o que compunha
Somente seus adornos; eu com eles
Trajava a mesma pompa, vinha armado
Também do mesmo ferro; de pó cheio
Os esquadrões aos golpes conduzia;
Eu, como eles, a morte desprezava,
E era o meu distintivo tão-somente
Marchar na frente deles. Destroçados,
E vencidos eu vi meus inimigos;
Que horror! Uns expirando, outros dispersos;
A espada lhes cravava nos seus seios,
Mas muito a meu pesar, que antes quisera
Que no sangue espanhol fosse ensopada.

Dos Cortesãos, a quem cortou o ferro
Na flor da idade (é força confessá-lo)
Com feridas honrosas nenhum houve,

Que não morresse; firmes nos seus postos
Viam diante de si acometê-los
A morte, sem que o rosto algum voltasse
Sem recuar um só passo; este o caráter
Dos Cortesãos Franceses; a paz neles
O ordinário valor não debilita,
Da sombra do repouso voar sabem
Às empresas; na Corte lisonjeiros,
Mas no Campo de Marte Heróis valentes.

Eu no meio do horror de uma espantosa
Confusão, sim mandava se perdoasse
A Joyeuse, mas em vão; pois bem depressa
O vi pelos soldados conduzido
Pálido, e já coberto das escuras
Sombras da morte; tal como a flor tenra,
Que na manhã se vê romper formosa
Com os sopros do Zéfiro suave,
Co'as lágrimas da Aurora; brilha à vista
Poucos instantes, cai antes de tempo.
Ou já sinta do ferro o duro golpe,
Ou a força do vento enfurecido.

Mas para que recordo, e não me esqueço
De tão triste vitória! Que não possa
Abandonar eu antes da lembrança
Os cruéis monumentos de espantosos
Pretéritos sucessos! O meu braço
Só do sangue Francês se tinge ainda;
A tal preço uma glória assim comprada
Não me pode encantar; se a frente cinjo
De ensangüentados louros, serão sempre
De minhas tristes lágrimas banhados.

Deste infeliz combate, desta perda
Resultou profundar-se mais o abismo,
De que Valois em vão sair queria;
Quando a sua desgraça foi patente,
Mais desprezado foi; Paris foi menos
Submissa, a Liga teve mais audácia;

E a grandeza de Guise, que acendia
Suas dores, e afrontas igualmente,
Dobrou seus infortúnios. Guise[43] soube
Em Vimori com mão mais venturosa
Vingar sobre os Germanos derrotados
De Joyeuse a perda; o mesmo mal sentiram
Em Aunau meus aliados surpreendidos:
Entra enfim em Paris cheio de louros
O grande vencedor; ali se mostra,
Como um Deus Tutelar: Valois admira
Os triunfos do seu rival soberbo,
Que sempre no insultar com vigor forte
Ao Príncipe abatido, parecia,
Que o não fora a servir, mas a vencê-lo.

A vergonha por fim é quem acende
O mais fraco valor, Valois sensível
É já no resentir-se desta afronta;
Reprimindo a fereza de um vassalo,
Quis provar sua fraca autoridade;
Mais que esperar não tinha, estava extinta
Nos corações de todos a ternura,
Não havia temor para com ele;
Todo o Povo atrevido a sublevar-se
Se dispunha; o seu Rei por um Tirano
Desde que quis reinar, reconheciam;
Ajuntam-se, conspiram-se, os rebates
Se multiplicam, passa a ser soldado
Qualquer Paisano, em armas se põe logo
Toda a Paris, se formam num instante
Mil muralhas nascentes,[44] que ameaçam
Contra as guardas do Rei postas em sítio.

---

[43] *No mesmo tempo em que o exército do Rei foi derrotado em Coutras, obrava o Duque de Guise ações de um destro General contra um Corpo de Cavalaria, que vinha em socorro de Henrique IV, e depois de o haver cansado, e acometido por muito tempo, o desfez junto de Aunau.*
[44] *As barricadas.*

Guise[45] no horror maior da tempestade
Tranqüilo, e fero, já precipitando,
Já fazendo conter o ardor da plebe;
Da sedição as máquinas regia;
Por ele se agitava, e a seu império,
Este tão vasto corpo; ardendo em fúria
Ao Palácio corria a chusma toda;
Se Guise uma palavra só dissesse,
Era morto Valois; mas quando mesmo
De um só golpe de vista ele o podia
Destruir, pareceu satisfazer-se
Com fazê-lo tremer; e os sediciosos
Impedindo ele mesmo em seus progressos,
Por piedade deixou o passo livre,
Por que Valois pudesse haver a fuga.
Enfim (qualquer que fosse o seu projeto)
Guise para tirano empreendeu pouco,
Muito para Vassalo. Todo aquele,
Que há podido forçar o seu Monarca
A temê-lo, se não se arrisca a tudo;
Tudo deve recear; desde este dia,
Nos seus grandes desígnios Guise firme;
Conheceu, que não era já mais tempo
De ser meio ofensivo, e que elevado
A tão alto, mas sobre um precipício;
Se ao Trono com triunfo não subia,
Ao suplício marchava; ele absoluto
Senhor enfim de um Povo rebelado,
O coração bem cheio de esperança,
E de temeridade, dos Iberos
Socorrido, apoiado dos Romanos,
Amado dos Franceses, protegido
De seus irmãos, supôs este orgulhoso
Vassalo revocar aqueles tempos
Dos nossos Reis primeiros, em que os fracos
Seus descendentes sendo decaídos
Quase ao nascer, do seu poder supremo,
Debaixo de um burel, que aborreciam,

---

[45] *O Duque de Guise, nas barricadas, contentou-se de reenviar a Henrique III as suas guardas, depois de havê-las desarmado.*

HENRIADA

O diadema ocultavam; e nas sombras
De um claustro,[46] ali gemendo só consigo,
Viam reger o Império seus tiranos.

Valois sua vingança diferindo,
Os Estados de França em Blois erguia;
Talvez vos hajam dito estes Estados
Quais foram; Leis ali se propuseram,
Que não se executaram; a eloqüência
De Deputados mil tornou-se estéril;
Largamente propôs nossos abusos,
Mas sem fruto; que o mais comum efeito
De tantos, e diversos pareceres,
É vermos sem alivio os nossos males.

No meio dos Estados, arrogante
Vem Guise do seu Príncipe ofendido
Injuriar a presença; junto ao Trono
Se sentou, e nos seus projetos firme,
Bem creu que tinha nestes Deputados
Outros tantos Vassalos. Já a traidora
Vil coorte, vendida ao seu tirano,
Ia a por-lhe nas mãos o poder sumo,
E absoluto dos Reis, quando cansado
De o temer, de o poupar, Valois vingar-se
Quis enfim, e reinar. O rival sempre
Atento em desgostá-lo, desprezava
Desdenhoso inimigo as suas iras,
No Príncipe irritado não supondo
Haver valor bastante a destruí-lo:
Seu destino o cegava, eram já cheios
Seus dias, o Rei mesmo à sua vista

---

[46] *O Cardeal de Guise, irmão do Duque, havia dito muitas vezes que ele esperava ter bem cedo a cabeça de Henrique III entre as suas pernas para lhe abrir uma Coroa de Monge; este desígnio era tão público que se afixaram estes dois versos latinos nas portas do Louvre: Qui dedit anté duas unam abstulit, altera nutat / Tertia Tonsoris est facienda manu.*

O fez sacrificar;⁴⁷ cem punhaladas
O ferem cruelmente, inda expirando
Não se abateu por isso o seu orgulho,
E o rosto, que talvez ainda temia
Valois, pálido, e todo ensangüentado
Insultar o seu Rei ainda mostrava:
Desta sorte acabou um tal Vassalo
Poderoso entre todos, admirável
Compêndio de virtudes, e de vícios;
O Rei, cuja suprema autoridade
Ele havia usurpado, frouxamente
O sofreu, té que dele houve vingança.

A fama do sucesso sem demora
Voa a Paris, o Povo surpreendido
Com gritos enche o ar, logo as mulheres
Consternadas, os velhos suspirando,
Partiram a abraçar do infeliz Guise
As estátuas. Paris toda supunha
Pertencer-lhe neste último perigo
Vingar o Pai, e defender a Igreja.
De Guise o irmão, o intrépido Mayenne,⁴⁸
Posto no meio deles lhes incita
O furor à vingança; era o interesse,
Mais que o ressentimento, quem o obriga
A acender em mil partes a desordem.

Nos temores nutrido há muito tempo
Mayenne militou súdito sempre
Ao mando do soberbo Chefe Guise;
Ele é seu sucessor não só na glória,
Mas também nos desígnios. Se há passado
Às suas mãos da Liga o ímpio cetro,
Esta grandeza imensa, e tão amável

---
⁴⁷ *Ele foi assassinado na antecâmara do Rei, no Castelo de Blois, por Lognac, Gentil homem Gascon, e por alguns dos guardas de Henrique III, que se chamavam os quarenta e cinco, a 23 de dezembro de 1588.*
⁴⁸ *O Duque de Mayenne, irmão mais moço do Balafré.*

Ao seu desejo, em breve o fortalece
Na perda de um irmão, que ele obrigado
Serviu sempre: Mayenne antes estima
Vingá-lo, que marchar às suas ordens.
Tem Mayenne um valor assaz heróico;
(Eu confesso) por uma afortunada
Bem experta política ele sabe
Ter debaixo das suas leis unidos
Espíritos diversos, sempre opostos
Ao seu Rei, quando escravos dos Tiranos;
Como conhece deles os talentos,
Assim sabe usar deles; muitas vezes
De um infortúnio tira uma vantagem:
Com mais estrondo, mais magnificência
Guise os alucinava; foi mais grande;
Mais Herói, mas não foi mais pernicioso.
Eis aqui em rigor quem é Mayenne,
E qual o seu poder; a Liga altiva
Quer da sua prudência esperar tudo:
O mancebo d'Aumale presumido
De um forte coração, seu orgulhoso
Valor pelos espíritos derrama:
D'Aumale é do Partido um formidável
Escudo; ele até hoje de invencível
O título possui; enfim Mayenne,
Que ao meio dos combates o dirige,
Alma é da Liga, e é d'Aumale o braço.

No entanto dos Flamengos o funesto
Político opressor, esse vizinho
Pernicioso, o Católico tirano,
O Rei, que no artifício só se firma,
O Rei vosso inimigo, e na verdade
Meu inda mais, Filipe,[49] a si tomando
De Mayenne a defesa, ele fomenta

---

[49] *Filipe II, Rei de Espanha, filho de Carlos V, chamava-se* Daemonium meridianum, *porque turbava toda a Europa, ao meio-dia da qual se situa a Espanha.*

A causa dos rivais. A mesma Roma,⁵⁰
Que sufocar devera tantos males,
Roma as chamas acende da discórdia:⁵¹
Aquele que também Pai se intitula
Dos Cristãos, uma espada sanguinosa
Nas mãos dos filhos põe; dos dois limites
Da Europa, de me verem assombrados,
A Paris correm todas as desgraças:
Rei enfim sem Vassalos, sem defesa
Perseguido, Valois vê-se obrigado
A implorar meu poder; imaginou-me
Generoso, e não teve pesar disso;
Meu coração se ocupa das misérias
Do Estado; em um perigo tão urgente
De todo se aplacavam minhas iras;
Não respeito em Valois mais que da Esposa
O irmão; o meu dever assim o ordena,
Com a sua lei cumpro; a autoridade
De um Rei, eu Rei defendo; a Valois busco
Sem mais trato ou reféns,⁵² e então lhe digo:
No vosso animo está vossa fortuna,
A morrer, ou vencer vinde, apressai-vos

⁵⁰ *É verdade que Roma se introduzia muitas vezes nas dissensões temporais dos Príncipes, mas devemos confessar que o mais delas o fazia porque os mesmos Príncipes a interessavam nas suas disputas. Os princípios do Direito público Eclesiástico, tão ruinosos como foram nos Séculos antecedentes, conduziam muito a que os Pontífices olhassem semelhantes discórdias como coisa sobre que tinham uma legítima inspeção; e daqui se seguiu arrogarem a si poderes que justamente lhes foram depois contestados. O Patrocínio e socorro que Roma dava nesta ocasião aos da Liga era bem fundamentado, porque temia ver pela entronização de Henrique IV alguma mudança de Religião, num Reino onde a verdade achara sempre o seu mais firme apoio. Acusem-se pois os tempos, e não as sagradas pessoas dos Pontífices. (Nota da primeira edição.)*
⁵¹ *A Corte de Roma ganhada pelos Guises, e submetida então à Espanha, fez quanto pôde para arruinar a França. Gregório XIII socorreu a Liga com homens e dinheiro; e Sixto V começou o seu Pontificado pelos maiores excessos, que felizmente foram os mais inúteis contra a casa Real.*
⁵² *Henrique IV teve a generosidade de ir a Tours ter com Henrique III, seguido somente de um pajem, sem embargo das desconfianças, e rogativas de seus velhos Oficiais, que temiam por ele um segundo massacre.*

Aos muros de Paris. Um nobre orgulho
Seu espírito então encheu de todo:
Lisonjear-me não sei de haver podido
Na sua alma infundir com meu exemplo
Uma tão bela chama: Há despertado
Sua desgraça enfim sua virtude;
A frouxidão lamenta, que abatido
O havia tanto tempo; precisava
Valois de um tal destino assim adverso;
Muitas vezes aos Reis é necessário.

Tais eram de Bourbon os bem sinceros
Discursos, entretanto dos Ingleses
Insta o socorro; já dos altos muros
Da Cidade rebelde a voz, que clama
Vitória, para o Campo o está chamando.
Mil mancebos Ingleses partem logo
Sobre seus passos a cortar o seio
Dos mares ambiciosos dos combates.

Essex lhes vai na frente;[53] Essex aquele
Cujo valor aos feros Castelhanos
Confundiu a prudência, e que não cria,
Que um infausto destino lhe murchasse
Os louros pela sua mão colhidos.

Não se demora Henrique; àquele Chefe
Nada também o impede, ele se apressa
A partir, impaciente da vitória.
Ide pois, digno Herói (diz-lhe a Rainha)
Ide, que os meus guerreiros já vos seguem,
Atravessando as ondas; porém certo,
Que não é a Valois, mas sim a Henrique,
A quem querem seguir; ao seu cuidado
Generoso os confia a minha aliança;
Vê-los-eis ir ao meio dos combates,

---

[53] *Roberto de Evreux, Conde de Essex, famoso pela tomada de Cádiz aos Espanhóis, pela ternura de Isabel para com ele, e pela sua morte trágica em 1601. Esta Rainha o enviou com efeito na testa de cinco mil homens em socorro de Henrique IV.*

Mais por vos imitar, do que em socorro;
Na grande arte da guerra eles formados
A vosso exemplo, aprenderão convosco
A servir a Inglaterra: possa a Liga
Bem depressa acabar aos vossos golpes.
Serve Espanha a Mayenne; opõem-se Roma
Contra vós; ide pois vencer a Espanha,
E sabei que não deve um homem grande
Jamais temer de Roma os débeis raios.

Vindicai das Nações a liberdade;
A fereza de Sixto, e de Filipe,
Abatei; de seu Pai Filipe há sido
Um tirânico herdeiro, menos grande,
Menos forte, e político não menos;
Desunindo os vizinhos, dando a todos
Armas, do fundo crê do seu Palácio,
Que pode subjugar o mundo inteiro.

Do seio do pó Sixto[54] hoje elevado[55]
Ao Trono com poder mais diminuto
Tem alma ainda mais fera; o Pastorinho
De Montalto rival dos Reis se ostenta;
Em Paris, como em Roma, ele pretende
Dar suas leis; debaixo do pomposo
Esplendor de uma Coroa triplicada,
Só pensa ter a si tudo sujeito,
Inda o mesmo Filipe: Sixto é ardente,

---

[54] *Sixto v, nascido nas grutas da Marca de Ancona, homem cuja turbulência igualou à sua dissimulação. Ele contudo estimava a Rainha Isabel, e apelidava-a por* Un gran cervello de Principessa.

[55] *O nascimento humilde e obscuro de Sixto não é na verdade um título justo para a sua censura: tem-se visto em todas as diferentes Hierarquias da sociedade civil, nos mesmos lugares mais eminentes, Heróis tirados do pó da terra. Os talentos e a virtude não estão anexos à nobreza. Com efeito se Sixto v não tivesse passado talvez, nestes tumultos da França, além dos sagrados limites do seu poder, ele deveria ser olhado como o modelo dos Pontífices; a sua justiça teve em que se exercitar durante o seu Pontificado, e é por isso que pareceu cruel, quando em uns tempos em que Roma nadava nos maiores insultos ele não foi mais que justiceiro. A invectiva de Isabel em todo este lugar é mais nascida da aversão e do rancor, que da candura e da verdade. (Nota da primeira edição.)*

Mas destro, enganador, dissimulado,
Inimigo fatal dos poderosos,
Dos fracos opressor; na minha Corte,
Em Londres há formado seus Partidos,
E o mundo, a quem engana, sem que o pense,
É das suas intrigas perturbado.

São estes os mais hábeis inimigos,
Que deveis destruir; ambos ousaram
Contra mim levantar suas bandeiras;
Um combatendo o Inglês, e as tempestades,
Fez o Oceano ver sua fugida,[56]
E o seu triste naufrágio: inda estas praias
Tintas de sangue estão dos seus guerreiros;
Outro se cala em Roma, aí me estima,
E me teme: segui à vista deles
A vossa nobre empresa; se é vencido
Mayenne, se verá Roma sujeita;
Só vós podeis reger o ódio de Roma,
Ou seus favores, sei que é inflexível
Com os vencidos, mas condescendente
C'os vencedores; pronta em condenar-vos,
Em absolver-vos fácil; a vós toca
Acender o seu raio, ou extingui-lo.

---

[56] *A grande armada de Filipe II, destinada para a conquista de Inglaterra, foi batida pelo Almirante Drake, e desbaratada por uma grande tempestade.*

CANTO IV

ARGUMENTO

D'Aumale estava quase a fazer-se Senhor do Campo de Henrique III quando o Herói, voltando de Inglaterra, combate os rebeldes, e faz mudar a fortuna. A Discórdia consola a Mayenne, e voa a Roma a pedir-lhe socorro. Descrição de Roma, onde reinava então Sixto V. A Discórdia aí achou a Política, e volta com ela a Paris; subleva a Sorbonne, anima os Dezesseis contra o Parlamento e arma os Religiosos. Entregam-se nas mãos dos Algozes os Magistrados, que sustentavam o Partido dos Reis. Turbação, e confusão horrível em Paris.

.

Enquanto prosseguindo em conferências
Particulares, ambos ponderavam
Com mais sossego os grandes interesses,
Exaurindo a ciência vantajosa
Do modo, por que o mundo se combate,
Se doma, e rege; o Sena com assombro
Sobre suas ensangüentadas margens
Vê da Liga as Bandeiras despregadas.

Valois longe de Henrique absorto, inquieto,
A incerteza temia do destino
Dos combates; de apoio precisava,
Em seus desígnios frouxo, e vacilante;
Espera por Bourbon, pois que o seguro
Tem de vencer com ele; mas em tantas
Demoras os da Liga se animaram:
Das portas de Paris vem já saindo
Os esquadrões. D'Aumale vem soberbo,

Nemours, Brissac, o intrépido Saint-Paul,
Canillac, Châtre, todos de um Partido
Culpável animosos defensores;
Nos seus sucessos rápidos causavam
A Valois grande susto; o Rei ao ponto
Muitas vezes chegou de arrepender-se
De haver feito partir o Herói sublime.

Entre os tais combatentes inimigos
Do seu Rei, um irmão de Joyeuse armado
Se anima a aparecer;[57] foi este aquele,
Que sucessivamente viram todos
Do século passar para o retiro
De um claustro, e já do claustro para a Corte;
Vicioso, penitente; altivo, humilde;
Cortesão, solitário; ele inconstante
Tomou, deixou, de novo a vestir torna
A couraça, e o silício; dos altares
Sacrossantos, com lágrimas regados,
Corre a animar da Liga a fúria ardente,
E no sangue da França lagrimosa,
A ensopar suas mãos, aquelas mesmas,
Que ao Eterno ele havia consagrado.

Mas de tantos guerreiros, quem somente
Inspirou valoroso mais assombros,
Infundiu mais horror, de quem mais fero
Foi sempre o coração, fatal o braço,
Fostes vós juvenil Príncipe, forte,
Impetuoso d'Aumale;[58] vós nascido
Do sangue dos Lorenas tão fecundo

---

[57] *Henrique, Conde de Bouchage, irmão mais moço do Duque de Joyeuse, morto em Coutras, por um toque do Céu se fez frade capuchinho, mas depois largou o hábito e tomou as armas contra Henrique IV. O Duque de Mayenne o fez Governador do Languedoc, Duque Par, e Marechal de França. Depois resolveu-se a tornar para o seu Convento, onde morreu.*

[58] *O Cavalheiro d'Aumale, irmão do Duque do mesmo apelido, da casa de Lorena, era um mancebo impetuoso dotado de brilhantes qualidades, que durante o sítio de Paris estava sempre à frente das sortidas, e inspirava aos habitantes o seu valor, e a sua confiança.*

VOLTAIRE

Em Heróis, vós dos Reis bravo inimigo,
Das leis, e do repouso. Em todo o tempo
O seguiu toda a flor da mocidade,
Saiu sempre com eles à campanha
Já em silêncio, já com grande estrondo
Na clara luz do dia, ou já nas sombras
Da noite, ao inimigo surpreendido
Por toda a parte conduzindo a guerra,
Do sangue dos ferozes sitiadores
O seu braço regava o campo todo.
Tais da altura do Cáucaso sublime,
Ou do cume do Atos, donde a vista
Descobre ao longe o ar, a terra, as ondas,
As Águias, e os Abutres, com as asas
Estendidas de um vôo arrebatado,
Rasgando as vastas nuvens, vão famintas
Roubar nos campos do ar as tristes aves,
No prado, e bosque os míseros rebanhos,
E voltam saciados para o centro
Medonho das ensangüentadas rochas,
Os despojos trazendo a grandes gritos.

Em um destes combates ele cheio
Da sua glória, havia penetrado
As tendas de Valois: a noite, o ruído,
O repentino assalto aumenta o espanto:
Eis que tudo tremia, fraquejava,
E à sua força enfim cedia tudo;
A impetuosa torrente era já pronta
A derramar-se; e quase que se via
Tudo inundar o choque tenebroso;
A estrela da manhã vinha nascendo;
Mornay, que em retirada com seu amo
Lhe precedia, já divisa as torres
Da soberba Paris: de um grande estrondo,
Misto de horror, é logo surpreendido;
Ele corre, em total desordem acha
De Valois os soldados, e inda os mesmos
De Bourbon "Justos Céus! É deste modo,
Que vós nos esperais? A defender-vos
Chega Henrique, vem já: será possível

Que vos veja em fugida companheiros?
E vós fugis?" Ao som das suas vozes,
Como lá se viu junto ao Capitólio
Em outro tempo o fundador de Roma,
Oprimido das armas dos Sabinos,
Conter os seus Romanos com o nome
De Júpiter; ao nome só de Henrique
Se detêm os Franceses; já se inflamam
De pejo, retrocedem, marcham, gritam:
"É vindo o nosso Herói, nós venceremos
À sua vista." Henrique de improviso
Entre eles aparece, e tão brilhante,
Qual brilha a luz na força da tormenta:
Aos esquadrões primeiros já se passa,
Põem-se deles na frente, ele combate:
Seguem-no, e faz se mudem os destinos;
Em seus olhos o raio se está vendo,
A morte em suas mãos; todos os Chefes
Junto a ele animados se fatigam;
Chega a vitória, enfim, desaparecem
Os rebeldes; bem como aos claros raios
Do dia, que se avança, se dissipa
Desses astros da noite a luz brilhante.

Em vão d'Aumale intenta se demorem
Sobre as margens as tropas fugitivas
Dos seus amedrontados; se aos combates
A sua voz por um momento os chama,
A voz do grande Henrique precipita
Fortemente seus passos; de seu rosto
Ameaçante o terror os afugenta,
O Chefe os torna a unir, porém o susto
Os desbarata, enfim precipitado
É com eles d'Aumale na fugida:
Como do alto do monte, que de névoas
Se vê todo cercado, pelo meio
Dos gelos, e das neves derretidas,
Cai, e rola o rochedo, que elevado
As nuvens ameaçava; mas que digo?
D'Aumale se suspende, e aos sitiantes
Mostra inda aquele rosto, que temível

Foi sempre, ele dos seus, que à força o levam,
Se liberta animoso, e por um pouco
Detém o vencedor, que o admirava;
Mas de inimigos logo ali rodeado,
Ia a morte a punir sua ousadia.

Eis a Discórdia o viu, e por d'Aumale
Tremeu; posto que bárbara, precisa
Dos seus dias; ao ar ela se eleva,
E voa em seu socorro; ali chegando
Opõe à multidão, que já o oprime,
De ferro o escudo imenso, impenetrável,
Que manda sobre a morte, que acompanha
O horror, e cuja vista sempre inspira
Ou raiva, ou susto: Oh tu filha do Inferno,
Discórdia inexorável, defensora
Pela primeira vez apareceste;
Tu salvaste um Herói, tu prolongaste
Seu destino com essa mão, ministra
Que foi sempre da morte; sim, com essa
Bárbara mão aos crimes costumada,
E que nunca até então poupado havia
Vítimas, que eram suas. Conduz ela
Às portas de Paris cheio de golpes,
Que não sentira, e todo ensangüentado
A d'Aumale; ela aplica às suas chagas
Uma mão salutar, ela lhe veda
O sangue derramado a seu respeito:
Mas enquanto a seu corpo restitui
Todo o vigor, dos seus mortais venenos
Lhe infecta o coração; como o Tirano,
Que na mesma piedade ser intenta
Cruel, e assim suspende ao desgraçado
A sentença mortal, a seus ocultos
Delitos ele faz servir seu braço,
E logo que os comete, o entrega à morte.

Henrique aproveitar sabe prudente
Esta grande vantagem, com que a sorte
Dos combates o seu valor honrara;
Dos momentos na guerra ele conhece
Todo o preço; os rebeldes surpreendidos
No mesmo instante aperta, pretendendo,
Que às batalhas sucedam os assaltos;
Quer traçar-lhes a perda mesmo em torno
Dos seus muros; Valois já de esperanças
Todo cheio, e com tal apoio forte,
Aos soldados dá aquele mesmo exemplo,
Que de Bourbon recebe; ele os trabalhos
Sustenta com valor, despreza os medos.
Tem também seus deleites o perigo,
A aflição seus prazeres: logo os Chefes
Se unem todos, sucedem as empresas
Segundo os seus desejos; sem demora
O terror, que na frente deles marcha,
Dissipando dos tímidos sitiados
Os esquadrões, lhes vai quebrar as portas
À vista mesmo deles surpreendidos:
Mayenne, em um perigo tão urgente,
Que poderá fazer? Tem por soldados
Todo um Povo, que geme; aqui a filha
O morto Pai com lágrimas lhe pede,
Espavorido ali o irmão soluça
Sobre as cinzas do irmão; todos lamentam
O mal presente, temem o futuro;
O grande corpo atônito não pode
jamais reunir-se, ajuntam-se, consultam,
Ou fugir, ou renderem-se pretendem;
Irresolutos todos, a defesa
Nenhum quer; tanto a fraca plebe varia
Troca a temeridade pelo susto.

Impaciente, Mayenne vê perdida
A sua tropa, mais de cem desígnios
Dividiam sua alma irresoluta;
Eis que então a Discórdia, de improviso,
Vem buscar este Herói, faz que sibilem
Suas serpentes, diz-lhe desta sorte:

"Digno herdeiro de um nome formidável
À França; tu, que ao meu cuidado uniste
O da tua vingança, tu, nutrido
A meus olhos, às minhas leis formado,
Ouve a quem te protege, e reconhece
A minha voz: um Povo não te assuste
De si fraco, e inconstante; uma pequena
Desgraça seu valor há intimado,
Animá-los me toca, a meu império
Estão seus corações; verás pois logo
Como nossos desígnios auxiliando,
Cheios da minha cólera, e em despojo
A meus furores, partem atrevidos
A combater, e a dar a vida alegres.

De improviso, a Discórdia mais ligeira
Que um relâmpago, do ar abre as campanhas
Com um seguro vôo: entre os Franceses
O assombro, e a turbação por toda a parte
A seus olhos presentam mil objetos
Espantosos; seu hálito derrama
Uma aridez fatal por cem lugares;
Morre o fruto ao nascer na planta infecta,
As espigas voltadas vão murchando
Sobre a terra; escurece-se o Céu todo,
Tornam-se os astros pálidos, e o raio
Debaixo de seus pés estala, e grita,
Parece anunciar a morte aos Povos
Assombrados. Um turbilhão a leva,
Onde o Eridano rápido as fecundas
Margens se vê regar com suas águas.

Roma em fim se descobre às suas vistas,
Roma algum dia o templo, o objeto, o assombro
Dos mortais; Roma, sim, cujo destino
É na guerra, ou na paz, o ser senhora
Do mundo em qualquer tempo: pela sorte
Dos combates se há visto antigamente
Ao seu trono soberbo, e sanguinário,
Sujeitarem-se os Reis; ao duro império

Da sua Águia terrível se curvava
Todo o universo. Mas nos nossos dias
Exercita um poder com mais sossego;
Debaixo do seu jugo ela há sabido
Domar seus vencedores, ter nas almas
Domínio, os corações ter a seu mando:
Os seus votos são leis impreteríveis,
E as suas armas são os seus decretos.

Junto do Capitólio, onde reinaram
Tanto Heróis famosos, sobre as ruínas
De Bellona, e de Marte, no alto trono
Dos Césares se senta um venerando
Pontífice; felizes os seus Padres
Com pé tranqüilo calcam os sepulcros
Dos Catões, e de Emílio as cinzas nobres;
O trono sobre o altar é colocado,
E o poder absoluto faz que aperte
A mesma mão o Cetro, e o Incensório.

Deus mesmo ali fundou a sua Igreja
Nascente, se umas vezes perseguida,
Outras triunfante; ali o seu primeiro
Apóstolo regeu com singeleza
A verdade, e a candura; os seus vestígios
Algum tempo seguiram seus ditosos
Sucessores, que quanto mais humildes,
Tanto mais respeitados; suas frentes
Não de um falso brilhante revestiam;
Era a pobreza, sobre que fundavam
Uma austera virtude; eles zelosos
Só dos bens, que deseja um verdadeiro
Cristão, era do fundo das choupanas,
Que ao martírio passavam. Bem depressa
O tempo (que por fim tudo corrompe)
Seus costumes mudou; para punir-nos
O Céu lhes deu grandezas; poderosa

Desde este tempo Roma,⁵⁹ e profanada,
Aos conselhos dos maus se viu sujeita;
O veneno, a traição, o assassinato
Foi do novo poder o fundamento
Horroroso; de Cristo os sucessores
Colocaram no centro do santuário,
Sem pejo algum, o incesto, e o adultério;
Roma enfim oprimida do domínio
Odioso de Tiranos tão sagrados,
Pelos seus falsos Deuses suspirava:
Máximas mais prudentes se fizeram
Depois ouvir; os crimes se evitavam,
Ou melhor, se encobriam; já da Igreja,
E do Povo os direitos confundidos,
Melhor se regulavam; fez-se Roma
Árbitra só dos Reis, mas não o espanto;
Debaixo já do orgulho respeitável
Do tríplice diadema é restituída
A modesta virtude; mas a idéia,
A arte de moldar-se aos demais homens,
Hoje é o dom mais sublime dos Romanos.

Rei da Igreja e de Roma era então Sixto:⁶⁰
Se para obter o título de grande

---

⁵⁹ *Derivando o Sumo Pontífice o seu poder do primeiro Chefe da Igreja, Jesus Cristo, é certo que o seu poder é o mais augusto, pois essencialmente versa sobre os corações dos fiéis. Se a pobreza e as virtudes fizeram o caráter dos Bispos de Roma no espaço dos três primeiros séculos, ainda depois das doações do grande Constantino, e das liberais mercês de seus pios Sucessores, se viram brilhar ali aquela constância de fé Apostólica, aquelas virtudes heróicas, que fazem a honra do Cristianismo, e que imortalizaram em todo o tempo a memória de tantos Padres Santos, que no decurso dos séculos a têm governado, e que foram eles mesmos um fiel retrato dos seus primitivos Pastores. Se alguns deles porém se fizeram notáveis pelos seus vícios (oxalá que a história nos não fornecesse tão irrefragáveis testemunhos!) nisto nos dão um argumento da sua fragilidade, e nos lembram que eram homens: assim os seus costumes nada prejudicam à pureza da fé e da Religião, que eles jamais contaminaram, no meio dos seus mesmos crimes. (Nota da primeira edição.)*
⁶⁰ *Sixto v, sendo Cardeal de Montalto, soube fazer bem o papel de simples, e tonto, por espaço de quinze anos, de sorte que lhe chamavam comumente o Asno de Ancona. É notório o artifício com que obteve o Pontificado, e a altivez com que reinou.*

Basta ser falso, austero, e formidável,
No lugar dos maiores Reis contado
Será Sixto; a quinze anos de artifício
Ele a sua grandeza dever soube;
Ele soube ocultar suas virtudes,
E vícios, por três lustros; mostrou sempre
Fugir à dignidade, ao mesmo tempo
Que ardia por obtê-la; fez-se indigno
A fim de possuir melhor o trono.

Ao poderoso abrigo do seu braço
Despótico, a Política reinava
Dentro do Vaticano, filha que era
Da ambição torpe, do interesse avaro,
Mãe da fraude, da sedução, do invento:
Este engenhoso monstro, em sutilezas
Tão fértil, de mil penas combatido,
Sereno, e sossegado então se mostra;
Seus olhos fundos, na agudeza linces,
Do repouso inimigos, não sentiram
Jamais do doce sono as dormideiras:
Com seus enganos ela a toda a hora
Abusa dos aspectos perturbados
Da Europa confundida; reina sempre
A mentira sutil em seus discursos,
E por mais encobrir seus artifícios,
Com a voz da verdade é que se expressa.

Ela divisa apenas a Discórdia,
Quando corre a seus braços, logo a afaga,
A obsequia com um maligno riso,
Com um ar misterioso; e de repente
Tomando um tom bem cheio de tristeza,
"Não estou mais (diz ela) nesses tempos
Felizes, em que os Povos enganados
Me ofertavam seus votos; em que a Europa
Crédula, ao meu poder toda sujeita,
As leis da sua Igreja confundia
Co'as minhas leis; bastava que eu falasse,
Para que logo os Reis, estremecendo,
A meus pés se humilhassem; se eu queria,

À minha voz a guerra se excitava
Sobre o mundo, os trovões eram lançados
Do alto do Vaticano; enfim a vida,
E a morte só nas minhas mãos estavam:
Dar os Reinos, tirá-los, restituí-los,
A mim me pertencia: esse bom tempo
Acabou: o Senado hoje de França[61]
Quase extingue nas minhas mãos os raios,
Que eu lanço; de amor cheio pela Igreja,
Cheio de horror por mim, às Nações todas
O véu do erro lhes tira; ele é o primeiro
Que, a máscara arrancando-me do rosto,
A verdade vingou, da qual a imagem
Tomei sempre: Discórdia, e que não possa
(Eu que ardo em te servir) ou enganá-lo,
Ou ao menos puni-lo! Mas andemos,
Que os teus fachos o meu trovão de novo
Acender tornam; pela mesma França
A destruição da terra se comece,
Os seus soberbos Reis a buscar tornem
Os nossos ferros", disse, e de improviso,
Aos ares se arrojou aquele monstro.

Longe de Roma, longe do seu fausto,
Das pompas vans do mundo, desses Templos
À vaidade dos homens consagrados,
Cujo altivo aparato o mundo engana,
A humilde Religião nos seus desertos
Se esconde, em paz profunda ela aí vive
Com seu Deus, entretanto que o seu nome,
Profanado no mundo, há sido sempre
Santo pretexto às iras dos Tiranos,

---

[61] *Durante as guerras do Século XIII entre os Imperadores e Pontífices de Roma, Gregório IX teve o valor não só de excomungar o Imperador Frederico II, mas também de oferecer a Coroa Imperial a Roberto, irmão de São Luiz: o Parlamento de França respondeu em nome do Rei, que não pertencia ao Papa o desentronizar um Soberano, nem ao irmão de um Rei de França o receber da mão de um Papa uma Coroa, sobre a qual nem ele, nem o Santo Padre tinham algum direito. Em 1570 deu também o Parlamento a famosa sentença contra a Bula da Ceia.*

Dos Povos sedução, ruína dos Grandes:
Sofrer, é o seu destino; abençoar tudo,
É o que lhe toca; ocultamente roga
Pelo ingrato, que a ultraja; ela sem arte,
Sem enfeite, nos seus encantos bela,
Sempre a sua modesta formosura
Desses olhos hipócritas esconde,
Que em tropel importuno aos seus altares
Correm só a adorar as vãs riquezas.

Por Henrique a sua alma em amor santo
Se abrasava; esta filha dos Céus sabe
Que ela de seus altares, algum dia,
O legítimo Culto restaurando,
Por seu filho este Herói adotar deve:
Ela o tinha por digno, e os seus suspiros
Ardentes apressavam esse tempo
Feliz, mas vagaroso aos seus desejos:
De improviso, a Política, e a Discórdia,
Impiamente a inimiga sempre augusta
Surpreendem em segredo; ela levanta
Para Deus os seus olhos lagrimosos;
O seu Deus, por prová-la, quis que fosse
Entregue ao furor delas; estes monstros,
De quem a Religião há suportado
Muitas vezes a injúria, dela tomam
Os véus sagrados, seus impuros rostos
Com eles cobrem, tomam-lhe os vestidos
Respeitados dos homens; enfim correm
A Paris a cumprir os seus projetos.

De um ar insinuante a sempre destra
Política buscou introduzir-se
No centro da Sorbonne antiga, e vasta:
Era ali, onde os Sábios respeitosos
Se juntavam, intérpretes sagrados
Das verdades do Céu; que eram modelo,
E árbitros dos Cristãos, e que ao seu culto
Unidos aos seus Príncipes atentos
Guardavam até então um vigor forte
Às flechas do erro sempre impenetrável:

Mas que poucas virtudes são aquelas
Que sem cessar resistem! Do encoberto
Monstro a voz venenosa, e encantadora,
Lhes comove os espíritos com falsos
Lisonjeiros discursos. Ela oferece
Grandezas ao que vê ambicioso,
E que do esplendor grave de uma mitra
Se deixa alucinar: foi-lhe vendida
Em segredo a palavra do avarento:
Com um destro elogio o Sábio encanta,
E a preço de um incenso vão lhe compra
A estimável verdade: se intimida
Ameaçado da sua voz o fraco;
Em tumulto se ajuntam, em tumulto
Se decide também. Por entre os gritos
Da confusão, do ruído, e da disputa,
A virtude de um tal lugar se ausenta
Banhada em pranto. Em nome então de todos
Um dos velhos exclama "Os Reis a Igreja
Os faz, ela os absolve, ela os castiga:
Em nós está a Igreja, em nós somente
A sua lei está, nós reprovamos
A Valois, que não é já mais Rei nosso;
Sagrados juramentos,[62] nós rompemos
Vossas cadeias." Logo que há falado,
A inumana Discórdia determina
Que com letras de sangue se transcreva
O odioso decreto; todos juram
De estar por ele, e à sua vista assinam.

De improviso ela voa; ela de Igreja
Em Igreja anuncia aos do Partido
Esta grande interpreza; revestida
Do hábito de Agostinho, e do Capelo
De Francisco, nos claustros mais sagrados
Faz sua voz ouvir-se; a grandes gritos

---

[62] *Em 17 de janeiro de 1589 a faculdade de Teologia de Paris deu o Decreto que declarava ficarem os Vassalos desobrigados do juramento de fidelidade, e que podiam legitimamente fazer guerra ao Rei. A Sorbonne depois, vendo-se livre da tirania da Liga, revogou este Decreto.*

Ela chama ali todos os espectros
Austeros, de seu jugo rigoroso
Voluntários escravos "Ora vede
(Lhes diz) da Religião a formidável
Sentença, vede bem, reconhecei-a,
Do Altíssimo vingai os interesses:
A vós venho, sou eu a que vos chamo;
Este ferro, que em minhas mãos cintila
A vossos olhos, esta aguda espada
Fatal a nossos feros inimigos,
Da mão do mesmo Deus se há trasladado
À minha; e é já tempo que das sombras
Saiais desses retiros; que de um santo
Zelo vós espalheis vossos exemplos:
Ensinai aos Franceses, duvidosos
Na fé, quanto se dá Deus por servido
Da vítima de um Rei; enfim lembrai-vos,
Que a casa de Levi, que sempre honrada
Fora por Deus no santo ministério,
A honra mereceu de que chegasse
Ao altar com as mãos tintas de sangue
Dos filhos de Israel: porém que digo?
Onde os tempos estão, aonde os dias
Prósperos, em que eu vi tantos Franceses
Mortos por seus irmãos! Vós fostes mesmos,
Sagrados Sacerdotes, que seus braços
Conduzistes: por vós há recebido
A morte Coligny; eu mesma em sangue
Nadei; ah! que inda corre; ide, mostrai-vos,
E incitareis o Povo, que me adora.

No mesmo instante o monstro deu a todos
O sinal; foram todos corrompidos
Do seu fatal veneno; a Paris marcha,
Onde conduz a procissão solene:
O estandarte da Cruz[63] no meio dela

---

[63] *Desde que Henrique III e o Rei de Navarra se apresentavam em armas à vista de Paris, a maior parte dos Frades vestiu a couraça, e meteu guarda com os Paisanos. Esse lugar designa a Procissão da Liga, na qual mil e duzentos Frades armados fizeram revista em Paris, tendo a Guilherme Rose, Bispo de Senlis, na frente deles.*

VOLTAIRE

Se arvorava; eles cantam, e os clamores
Devotos, e furiosos bem mostravam
Quererem associar o mesmo Empíreo
Na sua rebelião; ouve-se que eles
Nos seus votos fanáticos ajuntam
As maldições às preces que faziam:
Sacerdotes audazes, porém fracos
Soldados para a guerra; eles do alfanje
E da espada seus braços encarregam,
Grossa couraça seus silícios cobre;
Aos muros de Paris esta milícia
Infame, entre o tumulto de uma plebe
Impetuosa, assim marcha, e vai seguindo
O Deus da paz, que diante de si leva.

Mayenne, que de longe a louca empresa
Está vendo, no público a autoriza,
Mas consigo a desdenha; bem conhece,
Quanto o Povo submisso assim confunde
O Culto, e o Fanatismo; não ignora
A grande arte, aos Príncipes precisa,
De nutrir a fraqueza, e o erro ao vulgo;
O escândalo piedoso enfim aplaude;
O que é sábio o maldiz, ri-se o soldado,
Mas o Povo excitado aos Céus envia
Os gritos do alvoroço, e da esperança;
E como à sua audácia sempre o susto
Costuma suceder, em um momento,
O receio ao furor fez então praça.
Assim o Anjo dos mares sobre o seio
De Anfitrite, sequer, acalma as ondas,
Ou as irrita, quando lhe parece.

Dezesseis sediciosos[64] a Discórdia
Há escolhido, assinalados estes
Pelo crime entre os mais do seu Partido,
Ministros insolentes desta sua
Nova Rainha; ao seu sanguinolento

---

[64] *Assim chamados por causa dos dezesseis bairros de Paris, que eles governavam pelas suas inteligências.*

HENRIADA

Carro sobem com ela; o orgulho, a morte,
A traição, o furor vão diante deles
Por arroios de sangue; eles nascidos
Na escuridão, nutridos na baixeza,
Para com os seus Reis o ódio somente
Por nobreza avaliam; conduzidos
Té baixo do dossel pelo seu Povo,
A Mayenne, que os vê junto ao seu lado,
Dão que temer; dos jogos da Discórdia
Ordinários caprichos;[65] muitas vezes
Aqueles, que ela cúmplices há feito,
Os faz iguais; assim se vê, que irados
Os ventos, que o flagelo são das águas,
Do Ródano, ou do Sena as ondas movem;
Nas profundas cavernas encharcado
O lodo então se eleva, e vem acima
Sobre a face das ondas; assim como
No furor dos incêndios, que as Cidades
Iguala aos campos rasos, e funestos;
O chumbo, o bronze, e ferro derretido
Pelas chamas, ao ouro se misturam,
Ao ouro sim, que então se torna escuro.

Nestes de sedição, e de tumulto
Dias tristes, só Themis ao contágio
Resistia; de engrandecer-se a sede,
A esperança, e o temor jamais puderam
Inclinar-lhe nas mãos a fiel balança
Sem mácula seu Templo sempre esteve,
Correndo a ela a simples eqüidade,
Buscava à sua sombra estar segura.

Neste sagrado Templo há um Senado
Venerando, propício à inocência,
Ao crime formidável; ele o apoio
É das leis do seu Príncipe; ele é o órgão;
Entre este e o Povo, marcha de igual passo:

---

[65] *Os Dezesseis foram muito tempo independentes do Duque de Mayenne: um deles, chamado Normand, disse um dia na Câmara do Duque: "Aqueles que o fizeram poderiam também desfazê-lo."*

A justa confiança, que conserva,
Da equidade dos Reis, faz muitas vezes,
Que dirija a seus pés da França as queixas;
Sua ambição somente ao bem do Estado
Se encaminha; aborrece a tirania,
A rebelião o enfada; cheio sempre
De respeito, e valor, prudente, e sábio,
A submissão da escravidão distingue,
E em defender as nossas liberdades
Sempre pronto, ele a Roma reconhece,
Sabe honrá-la, e também sabe contê-la.

Dos tiranos da Liga o esquadrão fero
Eis do Templo de Themis cerca as portas:
Bussy[66] os conduzia, esse vil mestre
De armas, subido pela sua audácia
A tão culpável honra; entra, e profere
Estas palavras à Assembléia augusta,
Por quem dos Cidadãos se rege a sorte:
"Mercenárias colunas de um confuso
Labirinto de leis, plebeus insanos,
Que tutores dos Reis pensais ser sempre,
Frouxos, que colocais a vergonhosa
Vangloria das venais grandezas vossas
Na facção, na desordem, na cabala;
Na paz tiranos, tímidos na guerra,
Ao Povo obedecei, e aos seus decretos:
Antes dos Reis, já Cidadãos havia:
Os direitos perdidos pelos nossos
Antepassados, hoje recobramos;
Deste Povo abusastes muito tempo,
Ele do Cetro se acha aborrecido,
E o Cetro se há quebrado: os grandes nomes
Riscai, que vos molestam certamente,
Sim", *de pleno poder* "essas palavras,
Que temem todos, todos aborrecem:
Se julgais, seja em nome só do Estado
Não o lugar do Rei, mas sim do Povo:

---

[66] *Bussy le Clerc que, de jogador de armas, passou a Governador da Bastilha, e a Chefe desta facção.*

Sustentai entre vós, imitai sempre
A Sorbonne, ou temei minha vingança".

Respondeu o Senado com um nobre
Silêncio a tudo; assim se viu de Roma
Nos muros abatidos, e abrasados,
Que os Senadores curvos com o peso
De seus anos, intrépidos, e imóveis
Em seus assentos, de um olhar tranqüilo,
Os Gaulos esperavam, e inda a morte:
Colérico Bussy, não sem assombro,
"Obedecei, tiranos, ou segui-me"
(Lhes diz). Então Harlay primeiro se ergue,
Harlay nobre exemplar, de um Parlamento
O Chefe, justo, quanto destemido:
Ele à coorte logo se apresenta,
Pede os ferros, guardando o mesmo aspecto
Com que os maus haveria condenado:
Os Chefes da justiça a Harlay unidos,
Desejando que a honra dos tormentos
Com eles repartisse, e fossem todos
Vítimas de uma fé, que aos Soberanos
Se deve, as mãos estendem generosas
Aos ferros dos algozes, que lhas prendem.

Repeti-me vós, Musas, esses nomes
Tão amáveis à França; vós eternos
Fazei esses Heróis, a quem a força
Da licença oprimiu; o virtuoso
De Thou, Molé, Scaron, Bayeul, e o sempre
Justo Potier, e vós Longueil mancebo,
Em quem por apressar vossos destinos,
O espírito, e a virtude os anos belos
Adiantaram; enfim todo o Senado
Pelos Dezesseis preso, entre a turba
De um vil Povo em triunfo é conduzido
Ao Castelo,[67] Palácio da vingança,
Que encerra as mais das vezes tanto o crime,
Como a inocência. É deste infame modo,

---

[67] *A Bastilha.*

Que os rebeldes mudaram todo o Estado;
A Sorbonne é caída; o Parlamento
Acabou: mas por que um tal concurso?
Gritos tão lamentáveis? Que instrumentos
Da morte dos culpados são aqueles
Que se aprontam? Quem são os Magistrados
Que a mão do algoz infame no sepulcro
Por ordem dos tiranos precipita?
Ah! que em Paris se vê que um só destino
Tem a virtude, e o crime. Brisson[68] guapo,
Tardif e Larcher, vítimas honrosas,
Injuriados não sois por esta morte
Cheia de afrontas: Generosos Manes
Não vos envergonheis, que os vossos nomes
Na memória serão sempre famosos,
Quem morre pelo Rei, morre com glória.

No meio dos rebeldes a Discórdia
Se aplaude do sucesso dos seus torpes
Desígnios, de um ar fero, e bem contente,
Na sua crueldade então tranqüila,
Os efeitos observa perniciosos
De uma guerra civil naqueles muros
Todos ensangüentados, entre uns Povos
Miseráveis, que contra o seu Monarca
Somente unidos, entre si discordes,
(Jogo infeliz das intestinas fúrias)
Da triste Pátria apressam as ruínas;
O tumulto por dentro insta por fora
O perigo, e se vê por toda a parte
O destroço, a carnagem, o pranto, a morte.

---

[68] *Em 15 de novembro de 1591, estes grandes Sábios e Conselheiros foram enforcados por ordem dos Dezesseis.*

CANTO V

ARGUMENTO

Os sitiados são fortemente oprimidos. A Discórdia excita Jacques Clemente a sair de Paris para assassinar o Rei. Ela chama do fundo dos Infernos o Demônio do Fanatismo, que conduz este Parricídio. Sacrifício dos da Liga aos Espíritos Infernais. Henrique III é assassinado. Sentimento de Henrique IV. Ele é reconhecido Rei pelo Exército.

No entanto as grandes máquinas chegavam
Que em seus seios traziam dos rebeldes
A perdição: de toda a parte o ferro,
E o fogo ao ar voando, por cem bocas
De bronze lhes prostravam as muralhas:
Dos Dezesseis a ira; de Mayenne
A prudência; de um Povo sedicioso
A feroz arrogância; dos Doutores
Da lei as decisões escandalosas;
Era tudo não mais que um vão esforço
Contra o Herói, a vitória a grandes passos
se aproximava sobre seus vestígios:
Sixto, Filipe, e Roma em ameaças
Rebentavam, mas Roma ao Universo
Não era já terrível, que nos ares
Seus raios débeis todos se perdiam;
E o velho Castelhano costumado
Aos vagares, privava do socorro
Preciso aos sitiados: pela França
Seus soldados vagando a toda a parte,
A Paris não valiam, e assolavam
Nossas Cidades; era todo o intento
Do pérfido, que a Liga, por cansada,
Pudesse oferecer fácil conquista

Ao seu braço; este pois tão perigoso
Arrimo, e uma amizade em si tão falsa,
Um Senhor, em lugar de um Aliado,
Lhes preparava, quando a resoluta
Mão de um furioso aqueles vãos projetos
Pareceu suspender por algum tempo.

Vós de Paris tranqüilos habitantes,
Que em dias mais felizes vos permite
O Céu nascer, perdoai se hoje de novo
Minha mão à lembrança vos presenta
A história criminal dos seduzidos
Vossos antepassados; não se estende
A vós o horror fatal de suas culpas;
Pelos Reis vossos vosso amor é tanto
Que basta a restaurar-lhes toda a glória.

Em todo o tempo a Igreja há produzido
Solitários, que unidos em um corpo,
Debaixo de severos institutos,
Bem distintos do resto dos mais homens,
A Deus se consagraram por seus votos
Solenes: Destes uns permaneceram
Em uma paz profunda, inacessível
Sempre aos encantos frívolos do mundo;
Zelosos do repouso, que roubar-lhes
Ninguém pôde, fugiram ao Comércio
Dos humanos, a quem servir podiam:
Outros porém, fazendo-se precisos
Ao Estado, ilustraram sempre a Igreja,
Subiram às cadeiras; mas que importa;
Se alucinados logo por uns gênios
Lisonjeiros, no século espalhados,
Deles têm abraçado muitas vezes
Os costumes! A surda ambição sabe
Às suas pretensões dispor os meios;
Mais de um País se há visto das intrigas
Deles queixoso; assim entre os humanos
O mais perfeito bem, por um abuso
Do maior mal se há feito toda a origem.

Os que a vida abraçaram de Domingos
Viram por muito tempo a sua glória
Firmar-se nas Espanhas; dos escuros,
Quanto humildes empregos, de repente
Aos Palácios dos Reis eles passaram.
Não com menos poder, nem menos zelo,
Florescia na França respeitada
Esta ordem dos Reis favorecida,
Tranqüila, e enfim feliz, se do seu seio
Não saísse um traidor como Clemente.

Clemente[69], no retiro desde a sua
Menor idade, havia produzido
Escuros movimentos de uma inerte,
E rústica virtude; ele muito fraco
Espírito, e assim crédulo bastante
Na sua devoção, segue a torrente
Dos rebeldes: foi sobre este mancebo
Estulto, que a Discórdia há derramado
O veneno infernal da sua boca:
Aos pés do santo Altar, todos os dias,
Ele prostrado, aos Céus era importuno
Nos seus criminais votos. Diz-se que ele,
De cinza, e pó coberto, pronunciara
Uma vez esta súplica tremenda:
"Deus, que vingas a Igreja, e que castigas
Os tiranos, ver-se-á continuamente
Que oprimes a teus filhos? que proteges
Os danos de um Monarca, que te ultraja?
Que as mãos impuras lhes armas? que abençoas
Os seus perjúrios? Grande Deus, já cessa
De provar-nos enfim por teus flagelos;
Contra os teus inimigos te levanta,
Para longe de nós aparta a morte,
E a miséria; de um Rei, que nos é dado
Pela cólera tua, já nos livra;
Vem, dos Céus abrasados essa altura

---

[69] *Jacques Clemente, da Ordem dos Dominicanos, era da idade de 24 anos e meio, e pouco antes se havia ordenado de Sacerdote quando cometeu este Regicídio.*

Faze humilhar, que diante de ti marche
O Anjo exterminador; arma-te, desce,
E um raio ardente prostre a nossos olhos
O sacrílego exército, e o destrua;
Que os dois Reis expirando, os seus soldados
E Chefes caiam, como cai a folha
Pelo vento espalhada, e que enfim salvos
Por ti os teus Católicos da Liga,
Sobre os ensangüentados corpos possam
Dirigir-te seus cânticos perenes."

Atravessando os ares a Discórdia
Ouve atenta os clamores espantosos,
E aos Infernos os leva; num instante
Dos seus Reinos sombrios faz que venha
O mais cruel Tirano desse Império
Das sombras; ele chega, o Fanatismo
Seu nome horrível é, filho inumano
Da Religião; armado em defendê-la,
Só cuida em destruí-la, e recebido
No seu seio, ele a abraça, ele a arruína.

Ele foi em Rabá[70] quem sobre as praias
Do Arnon os descendentes conduzia
Do desgraçado Ammon, e as Mães chorosas,
Que a Moloc, o seu Deus, apresentavam
As fumantes entranhas de seus filhos:
Ele o que fez ditar o juramento
De Jepthé inumano, e temerário,
Para no coração da tenra filha
Conduzir-lhe o punhal: Ele o que abrindo
De Calcas a ímpia boca, a cruel morte
Por sua voz pedira de Ifigênia:
Há muito tempo, França, que ele assiste
Nos teus bosques, que o teu sagrado incenso,
Ao terrível Teutates[71] ele oferece,

---

[70] *País dos Amonitas, os quais lançaram seus filhos nas chamas ao som de tambores, e de trombetas em honra da Divindade que adoravam com o nome de Moloc.*
[71] *Teutates era um dos Deuses dos Gauleses, a quem se sacrificavam homens.*

Tu não te hás esquecido desses santos
Homicídios, que aos vãos indignos Deuses
Presentavam os teus antigos Druidas:
Do alto do Capitólio ele bradava
Aos idólatras que os Cristãos punissem,
Que os destruíssem, e que os atormentassem;
Porém, quando enfim Roma submetida
Foi ao filho de Deus, do Capitólio
Desfeito em cinza, se há passado à Igreja,
E então nos corações, que eram de Cristo,
As fúrias inspirando, sem demora
De Mártires os fez perseguidores.
Ele em Londres formou a turbulenta
Seita,[72] que sobre um Rei, de si mui fraco,
Com sanguinosa mão se viu erguida.
Em Lisboa e Madri[73] ele é o que acende
As fogueiras solenes onde, em pompa,
Por Padres em cada ano se conduzem
Os Judeus infelizes, por não terem
Deixado a fé de seus antepassados.

Ele por disfarçar-se se vestia
Sempre desses sagrados ornamentos
Dos Ministros do Céu; desta vez passa
À eterna escuridão a tomar nela
Para novos delitos nova forma:

---

[72] *Os Entusiastas (chamados independentes) foram os que tiveram a maior parte na morte de Carlos I, Rei de Inglaterra.*

[73] *O estabelecimento da Inquisição é filho do zelo com que o Senhor D. João III quis se mantivesse a pureza da Religião nos seus Estados, e não obra do Fanatismo como licenciosamente diz aqui o Autor. Todos sabem o reto procedimento deste Supremo Tribunal para com os intitulados Judeus, os quais nunca se castigaram por seguir a Moisés, mas sim pelo seguirem depois de ter abraçado o Cristianismo, e cometerem uma horrível profanação de todos os Sacramentos: Além de que os atos da fé, que a Inquisição celebrava neste Reino, nem todos se faziam solenemente e por costume todos os anos; mas só quando a pertinácia dos delinqüentes se ensurdecia às vozes da razão e à luz da fé, a que fechavam os olhos. Este Tribunal é hoje com mais justiça digno de respeito, porque à inspeção dos seus Juízes se uniu por lei dos nossos Príncipes a sua augusta decisão para poderem ter execução os seus processos. Os estrangeiros falam nesta matéria com ódio e ignorância crassa; o que basta para não serem acreditados. (Nota da primeira edição.)*

A audácia, e o artifício, os seus aprestos
Foram; ele de Guise toma o talhe,
E as feições; do soberbo Guise, aquele,
Que tirano do Estado se descobre,
E Rei de seu Senhor; quem por ser sempre
Poderoso, inda além da morte a França
Arrastava aos combates. A cabeça
Ele cobre de um casco formidável,
Na mão se vê a espada, aquela espada
À morte sempre pronta; traz o peito
Traspassado dos golpes, com que um dia
Este Herói sedicioso assassinado
Fora em Blois; os clamores do seu sangue,
Que abundante inda corre, pareciam
A Valois acusar, pedir vingança.

Neste terrível lúgubre aparato,
Por entre as dormideiras, que costuma:
O sono derramar, ele a Clemente
Vem procurar no centro do retiro:
Era a superstição, era a inquieta
Facção, o falso zelo, sempre aceso
De uma brilhante cólera, que estavam
Velando à sua porta; de repente
Eles abrem, ele entra,[74] e então com uma
Voz majestosa, e fera, assim lhe fala:
"Deus teus votos aceita, e rogativas;
Mas de ti não terá por culto, e incenso,
Mais que uma eterna queixa, uns fracos votos?
A Deus, que serve à Liga, são precisas
Outras ofrendas; ele de ti exige
Os dons, que tu lhe pedes: Judith[75] forte,
Se em outro tempo, por salvar seu Povo,

---

[74] *Imprimiu-se em Paris, e saiu ao público em 1589, uma relação do martírio de Frei Jacques Clemente, na qual se segurava que um Anjo lhe tinha aparecido e lhe havia mostrado uma espada nua, e ordenado que matasse o tirano.*
[75] *Estando já em Saint-Cloud Jacques Clemente, algumas pessoas que desconfiavam dele o espiaram durante a noite, e o acharam dormindo profundamente com o Breviário ao pé de si aberto no artigo Judith.*

A Deus não ofertasse mais que os gritos,
E as lágrimas, se pelos seus temendo,
Também por si temesse, cair vira
Judith por terra os muros de Bethulia;
Eis aqui as empresas, que tu deves,
Por santas, imitar, é esta a oferta,
Que presentar a Deus és obrigado:
Mas tu mesmo, já vejo, te envergonhas
De haveres diferido, corre, voa,
E a tua mão no sangue consagrado,
Libertando os Franceses de um Monarca
Indigno, a Paris vingue, vingue a Roma,
A mim, e o Universo. A minha vida
Cortou Valois por um assassinato;
Punir com mesmo golpe te é preciso
Sua perfídia; não te embargue o susto
Do nome de Assassino; se foi nele
Cruel delito, em ti será virtude;
Tudo é lícito a quem a Igreja vinga,
A morte é justa então, e o Céu não menos
A autoriza; que digo? Deus o manda,
E pela minha voz ele te instrui;
Para a morte de Henrique ele o teu braço
Há eleito; feliz tu se pudesses,
Consumando a vingança, o de Navarra
Juntar na mesma ação a um tal Tirano,
E se destes dois Reis, livres de todo
Teus Cidadãos, pudessem... mas os tempos
Não são ainda chegados; Bourbon deve
Viver, e Deus, ao qual se opõe seu braço,
Para outras mãos reserva toda a glória
Da sua ruína; tu que és tão zeloso
Deste Deus, enche os seus grandes desígnios,
E o mimo aceita, que por mim te envia."

O fantasma então faz a estas palavras
Um punhal reluzir, que havia o ódio
Nas águas infernais umedecido;
A dádiva fatal na mão do incauto
Clemente deposita, foge, e torna
Na morada infernal a submergir-se.

VOLTAIRE

Facilmente enganado o Religioso
Mancebo creu que o Céu seus interesses
Somente em suas mãos depositara:
Ao funesto presente ele prostrado
Os ósculos duplica; ele de joelhos
Do Onipotente o braço humilde implora,
E cheio enfim do monstro, de quem sempre
O furor o dirige, de um ar santo
Ao fatal parricídio já se apronta.

Quanto ao erro se humilha com presteza
O humano coração! Eis já Clemente
Gostando uma feliz serenidade;
Ele estava animado, sim daquela
Audácia, que no coração dos Santos
Firma a inocência; no furor tranqüilo,
Os olhos baixos, marcha; ele seus votos
Sacrílegos ao Céu sempre dirige,[76]
De uma austera virtude em seu semblante
Reluz a estampa; e o ferro parricida
Debaixo do silício leva oculto:
Ele parte; os parciais logo instruídos
Do projeto, os caminhos alcatifam
De odoríferas flores a seus passos;
E de um santo respeito todos cheios,
Às portas o conduzem: abençoam
Seu intento: este o instrui; aquele o anima,
O nome de Clemente já numeram
Entre os nomes sagrados, que em seus fastos
Roma por imortais tanto respeita;
Em altas vozes vingador da França
O apelidam, na mão tendo os incensos
Se dão pressa a invocá-lo. No transporte,
Ou no ardor, nunca foram tão ativos
Os primeiros Cristãos, que de morrerem
Desejosos, intrépidas colunas
Da crença de seus Pais, em outro tempo
Seus irmãos, ao martírio acompanhavam;

---

[76] *Ele jejuou, confessou-se, e comungou antes de partir a ir assassinar o Rei.*

HENRIADA

As doçuras de morte tão ditosa
Inveja lhes faziam, e os vestígios
De seus passos com lágrimas beijavam:
O fanático cego muitas vezes
No caráter se não diversifica
Do sincero Cristão; um mesmo esforço
Têm ambos, têm os mesmos sentimentos,
Têm seus Mártires o erro, Heróis o crime;
Do zelo verdadeiro, e do que é falso
Vãos Juízes que somos! Parecidos
Muitos malvados são aos grandes homens.

Mayenne, cujos olhos tudo observam,
Bem está vendo o golpe preparar-se,
Finge porém que o ignora; o seu prudente
Artifício de um crime tão odioso
Cuida em colher o fruto, sem que nele
Tenha parte; ele deixa com indústria
Para os mais sediciosos o cuidado
De esforçar o valor deste furioso.

Entanto que uma turba sanguinária
De rebeldes às portas conduzia
De Paris este infiel, ao mesmo tempo
O sacrílego esforço da assembléia
Dos Dezesseis examinava a sorte
Sobre o sucesso. Antigamente[77] a audácia
Cuidadosa de Médicis havia
Penetrado a ciência detestável
Destes segredos; ela muito tempo
Esta arte profundou em si suprema,
Vã, quimérica, e sempre criminosa;
Seguiu-se o seu exemplo, e o Povo rude,
Servil imitador dos fatais vícios
Da Corte, amante só de novidades,
Cativo de prodígios, a tão ímpias
Desordens de tropel se abandonava.

---

[77] *Catarina de Médicis havia posto a mágica muito em moda na França. Achavam-se por toda a parte homens assaz loucos por se crerem Mágicos, e Juízes supersticiosos, que os puniam de boa-fé, como tais.*

Nas sombras da alta noite ao centro horrível
De uma abóbada escura, esta malvada
Assembléia o silêncio há conduzido;
Ao pálido clarão de uma lanterna
Mágica, um Altar vil sobre um sepulcro
Se erigiu; dos dois Reis logo as imagens
Ali se colocaram; sendo o objeto
Para eles de terror, o são agora
De seus ultrajes; suas mãos impuras
Sobre o funesto Altar têm confundido
Os nomes infernais com o do Eterno:
Dispostas pelas fúnebres paredes
Estão cem lanças, todas têm as pontas
Em vasilhas de sangue mergulhadas,
Ameaçante aparato, que inventaram
De um mistério horroroso: o Sacerdote
Do escuro Templo um desses Hebreus era,
Que sobre a terra vagam, que proscritos,
E Cidadãos do mundo, vão levando
De mar em mar a errática miséria,
E que têm cheio desde muito tempo
Os Povos de uma antiga imensidade
De superstições: ao redor dele
Os da Liga furiosos principiam
A grandes gritos o ímpio sacrifício:
Lavam no sangue os braços parricidas,
De Valois, sobre o Altar, passam o peito;
Com mais terror ainda, com mais fúria
De Henrique a imagem prostram, e debaixo
A calcam de seus pés;[78] pensam que a morte
Fiel à sua cólera vai logo
Transmitir a estes Reis o ferimento
Dos seus golpes;[79] o Hebreu junta entretanto

---

[78] *Muitos Sacerdotes da Liga haviam mandado fazer pequenas imagens de cera que representavam Henrique III e o Rei de Navarra; punham-nas sobre o Altar, e durante a Missa as feriam; isto por espaço de quarenta dias consecutivos, e no fim deles as feriam no coração.*

[79] *De ordinário serviam-se dos Judeus para fazerem as Operações mágicas. Esta antiga superstição vem dos segredos da Cabala, dos quais os Judeus se diziam somente os depositários.*

As preces às blasfêmias; ele invoca
O abismo, os Céus, o mesmo Deus Eterno,
Todos esses espíritos imundos,
Que turbam o Universo, assim o fogo
Do raio, como as chamas dos Infernos.

Igual foi em Gelboé o sacrifício,
Que Pitonisa aos seus infernais Deuses
Ofertou, quando fez vir à presença
De um Rei cruel a imagem espantosa
De Samuel Sacerdote: assim não menos
Do alto de Samaria trovejava
A ímpia voz dos Profetas mentirosos
Contra Judá; ou tal entre os Romanos
O cruel Ateyo[80] amaldiçoando as armas
De Crasso pela invocação dos Deuses.

Aos mágicos acentos, que lhe saem
Da boca, os Dezesseis têm a confiança
De esperar que do Céu se lhes responda;
Obrigá-lo eles pensam, a que a sorte
Se lhes descubra: o Céu para puni-los
Quis então escutá-los, quis por eles
Interromper as leis da natureza:
Um lúgubre murmúrio das cavernas
Mudas sai, os relâmpagos contínuos
Lhes dão a ver na mais profunda noite,
Um horroroso dia, que renasce,
E que foge; no meio destes fogos
Resplandecendo em glória eles divisam
A Henrique, sobre um carro de vitória;
Os louros lhe croavam toda a frente
Nobre, e serena; enfim brilhava o Cetro
Dos Reis nas suas mãos: o ar de improviso
Aos tiros do trovão parsa a abrasar-se;
Cheio de fogo o Altar se arruína, e logo

---

[80] *Ateyo, Tribuno do Povo, não podendo impedir a Crasso a partida contra os Parthos trouxe um braseiro ardente para a porta da Cidade por onde Crasso havia de sair, e, lançando-lhe certas ervas, amaldiçoou a expedição de Crasso invocando para isso as Divindades infernais.*

Se submerge na terra: consternados
Os Dezesseis, de horror o Hebreu coberto,
Vão esconder na noite tanto o crime,
Como a perturbação, que os afugenta.

Estes trovões, e fogos, este ruído
Espantoso a Valois anunciavam
A perda inevitável; os seus dias
Tem Deus contado do alto do seu Trono,
Havia longe dele retirado
O seu socorro; a morte era impaciente.
Em aguardar a vítima, que é sua,
E Deus como que um crime permitia
Por perder a Valois. Sem sobressalto
Ao campo real marchou o ímpio Clemente;
Ele chega e requer que ao Rei os guardas
Lhe permitam falar; diz que Deus mesmo
Faz que àqueles lugares conduzido
Venha, por que os direitos do diadema
Por ele se restaurem; que ao Rei próprio
Quer revelar segredos importantes;
Duvidam, por bastante tempo o observam,
E é perguntado; teme-se debaixo
Daquele hábito algum fatal mistério;
Ele passa por um severo exame
Sem jamais se assustar, responde a tudo
Com bem simplicidade, quem creria
Que a verdade não via bem patente
Em seus discursos? Faz enfim o guarda
Com que à vista do Rei ele apareça.

Não assustou o aspecto Soberano
Ao traidor; com um ar tranqüilo, e humilde
Ele dobra os joelhos, ele observa
O lugar, onde bem empregue o golpe;
E a mentira sagaz, que a sua língua
Conduzia, ditou-lhe neste instante
Tão pérfido discurso; ele assim fala:
"Grande Rei, permiti que ao Deus Supremo
Que faz reinar os Reis, eu encaminhe
Minha tímida voz, antes de tudo

Meu coração deixai que o louve, e cante,
Pelos bens, que hoje vai sua justiça
Derramar sobre vós; Potier virtuoso,[81]
E Villeroi prudente a fé intacta
Vos guardam entre os vossos inimigos;
Harlay,[82] o grande Harlay, de cujo zelo
Intrépido, assustado se viu sempre
O infiel Povo; do centro de uma escura
Prisão, os corações vai reunindo
De todos; junta os vossos fiéis Vassalos,
E confunde os da Liga: Deus, que sempre
Sábios, e poderosos abatendo,
Pela mão, que é mais fraca, cumprir soube
As suas obras, fez com que à presença
Do grande Harlay eu fosse conduzido;
Cheio da sua luz, e pela sua
Mesma boca instruído, diligente
Ao meu Príncipe vôo, e vos entrego
Esta carta, que Harlay acaba há pouco
Como a súdito fiel, de encarregar-me."

Impaciente Valois recebe a carta,
E as mãos levanta aos Céus, que lhe permitem
Tão suave mudança; "Oh se eu pudesse
(Diz ele) este teu zelo, e bom serviço
Remunerar-te já pelo meu gosto,
E da minha justiça! Estas palavras
Dizendo, ele lhe estende os Reais braços;
No mesmo instante o monstro o punhal tira,
E ousadamente o peito lhe atravessa;
O sangue corre, e todos assombrados
Se avançam dando gritos; eis já se erguem
Mil braços a punir este assassino;
Mas sem baixar os olhos, com desprezo
Ele os atende; a França satisfeita,
E do seu parricídio vanglorioso,

---
[81] *Potier, Presidente do Parlamento, de que acima se falou. Villeroi, que havia sido Secretário de Estado de Henrique III.*
[82] *Aquiles de Harlay estava então recluso na Bastilha por Bussy le Clerc: Jacques Clemente apresentou ao Rei uma carta da parte deste Magistrado, porém ignora-se se era ou não fingida.*

Em recompensa a dura morte espera
De joelhos; enfim, ele de Roma,
E da França se crê ser o refúgio;
Pensa que os Céus vê já, que estes se lhe abrem
E a Deus pedindo a palma do martírio,
Cai, abençoando os golpes, com que expira.

Torpe ilusão, fantástica cegueira,
De horror, de compaixão mil vezes digna,
E da morte do Rei menos culpável
Talvez, do que esses laxos, vãos Doutores
Do seu Rei inimigos, que espalhando
O veneno fatal com suas vozes,
O fraco Religioso alucinaram.

Estava já Valois tocando aquela
Triste, e última hora, nem seus olhos
Viam de luz apenas mais de um resto;
Seus Cortesãos, chorando ao redor dele,
Por desígnios diversos divididos
Em segredo com uma voz comum
Formando as mesmas queixas, expressavam
As dores, ou sinceras, ou fingidas;
Os que se esperançavam na mudança,
Frouxamente se afligem do perigo
Do seu Príncipe; cheios então outros
Do temor, do interesse, não choravam
O Rei, mas a fortuna decaída.

Entre o confuso ruído de clamores,
E de queixas, somente vós, Henrique,
Lágrimas derramastes verdadeiras;
Vosso inimigo foi, mas os que nascem
De corações sensíveis facilmente
Se comovem nos hórridos momentos;
Só da sua amizade então se lembra
Henrique, e o interesse em vão combate
Contra a sua piedade; o Herói virtuoso
A si mesmo ocultava o pensamento
De que esta morte a C'roa lhe trazia.

Por um último esforço então voltando
Valois para ele os olhos já pesados,
Que a morte ia a fechar, e ao mesmo tempo
Com suas mãos tocando nas de Henrique,
"Mãos vencedoras, diz-lhe desta sorte:
As generosas lágrimas detende,
O Universo indignado à sua conta
Toma o compadecer-se: reinar deve
Bourbon, e combater, por fim vingar-me;
Eu morro; e vós no meio das tormentas
Ficais só; assentado sobre o escolho
Cheio dos meus naufrágios; porém ide,
Henrique, que o meu Trono vos espera;
Pertence-vos, gozai de um bem, que sempre
Foi pelo vosso braço defendido;
Mas atendei, que o raio em todo o tempo
O rodeia; temei, subindo ao Trono,
O Deus, que vo-lo dá; oh se pudésseis
De um dogma criminal desenganado,
Restaurar-lhe o Altar, repor-lhe o culto!
A Deus; reinai feliz; mais poderoso
É o gênio tutelar, que vos defende
De cruéis assassinos: vós a Liga
Conheceis, e bem vedes os seus golpes.
Eles por mim passaram, por que possam
Ir depois para vós: talvez que um dia
Uma mão mais infiel... Céus, que sois justos,
Favorecei virtude, que é tão rara;
Permite..." neste ponto a morte ímpia
Sobre a sua cabeça vem render-se,
E de todo acabou o seu destino.[83]

À notícia da morte Paris toda
Aos odiosos transportes se sujeita
De uma iníqua alegria; de cem gritos
De vitória o seu Povo encheu os ares;

---

[83] *Henrique III morreu a 3 de agosto pelas duas horas da manhã em Saint-Cloud, mas não na mesma casa onde tinha abraçado com seu irmão a resolução do São Bartolomeu, como asseveram muitos Historiadores.*

Suspende-se o trabalho, são abertos
Os Templos; de grinaldas de mil flores
Ornam suas cabeças; este dia
É dedicado só a imensas festas:
Insensatos que são! Eles não olham
Os profundos abismos, que assim cavam
Debaixo de seus pés; deverão antes,
Seus trabalhos prevendo, mudar logo
Em amargoso pranto o vão triunfo;
O vencedor, o Herói, que eles se atrevem
A provocar, Henrique do alto Trono
É quem vai arruiná-los; mais terrível
Na sua mão o Cetro vaticina
Aos rebeldes a perda inevitável;
Eis que já diante dele os Chefes todos
Dobram os joelhos, todos reconhecem
Por legítimo Rei somente a Henrique;
E como se estivessem já bem certos
Do destino da guerra, acompanhá-lo
Até os dois fins da terra eles prometem.

CANTO VI

ARGUMENTO

Depois da morte de Henrique III, os Estados da Liga se juntam em Paris para eleger um Rei. Enquanto eles se ocupam nas suas deliberações, Henrique IV dá um assalto à Cidade. A Assembléia dos Estados se separa; aqueles que a compunham vão combater sobre os muros. Descreve-se este combate. Aparição de São Luiz a Henrique IV.

Uso antigo e sagrado se pratica
Entre nós, quando a morte sobre o Trono
Estende o fatal golpe, e então do sangue
Dos Reis, caros à Pátria toda a fonte
Nos últimos canais se há esgotado,
No mesmo instante o Povo aos seus primeiros
Direitos torna; um Rei eleger pode,
Pode mudar as leis: os seus Estados
Juntos, que ficam sendo o órgão da França,
Um supremo nomeiam; os poderes
Lhe limitam: assim se decidira
Pelos nossos avós, que a Carlos Magno
No Trono sucedessem os Capetos.

Intenta pois a Liga audaz, e forte
Ordenar dos Estados[84] a assembléia:
Por um assassinato ela supunha
O direito adquirir, por que pudesse
Eleger Rei, e dar mudança ao Estado;
Eles criam que postos ao abrigo
De um Trono imaginário, assim podiam

---

[84] *Como num Poema Épico se atende mais à ordem do desenho que à Cronologia, introduzem-se imediatos à morte de Henrique III os Estados de Paris, que só se efetuaram quatro anos depois.*

Expulsar a Bourbon mais facilmente,
E melhor enganar a plebe rude:
Pensavam que um Monarca os seus desígnios
Firmaria, que à sombra deste nome
Tão sagrado, seriam seus direitos
Mais honestos; que eleito injustamente,
Bastava para o ser; enfim que a França
Pretendia um Senhor fosse qual fosse.

Correm pois para logo a um conselho
Com alvoroço os Chefes obstinados,
A quem conduz o orgulho; eis os Lorenas;
Os Nemours, e não menos os furiosos
Sacerdotes, o Embaixador de Roma,
Juntamente o de Ibéria, que caminham
Ao Louvre, onde por uma eleição nova,
Dos nossos Reis os Manes mais ilustres
Eles vão insultar; o luxo sempre
Mantendo-se das públicas misérias,
Com esplendor prepara estes Estados
Tirânicos: ali não aparecem
Os Senhores, e os Príncipes, dos nossos
Antigos Padres nobres Sucessores,
Que junto aos Reis um tempo se sentavam,
Que da França eram Juízes, que a aparência
Conservam do poder, que já não logram:
Não vão ali dos nossos Parlamentos
Os Sábios Deputados, que defendam
As nossas decaídas liberdades.
Nem dos Lírios ali jamais se observa
O aparato ordinário; sim se admira
O Louvre pela sua pompa estranha;
O Legado de Roma em um assento
Honroso ali se mostra; junto dele
A Mayenne um dossel se há erigido,
Que cobre juntamente estas horríveis
Palavras que se liam: "Reis, que a terra
Julgais, e cujas mãos facinorosas
Ousam tudo empreender, perdoar a nada,
A reinar vos ensine Valois morto."

Juntos eles já fazem os partidos
E as facções com que neste lugar soem
Suas infernais vozes; o véu do erro
A todos cega os olhos: um, que espera
Escravo ambicioso haver de Roma
As mercês, ao Legado se dirige;
Declara diante dele que há já tempo
De que à Tiara os Lírios se sujeitem;
De que se erga em Paris[85] o sanguinário
Tribunal,[86] esse horrível monumento
Do poder Monacal; que há recebido
Espanha, e que ela mesma hoje detesta,
Que os Altares vindica, e que os desonra,
Que cercado de chamas, e coberto
De sangue oprime os homens, e os degola
Com um ferro sagrado, como se inda
Vivêssemos naqueles tristes tempos,
Em que a terra adorava os Deuses ímpios,
Esses, que os mentirosos Sacerdotes,
Mais cheios de crueldade, se gloriavam
De aplacar pelo sangue dos humanos.

Pelo ouro Ibero este outro corrompido,
Não duvida vender a cara Pátria
Ao Espanhol, que mesmo ele aborrece.
Mas um Partido, em si mais poderoso,
Já no Trono dos Reis, de voz comum,
Colocava a Mayenne; ainda faltava
Ao seu vasto poder tão grande cargo;
Na esperança orgulhosa, a que atrevidos
Sentimentos o levam, a arriscada
Honra do grande nome de Rei era
A chama devorante, que em segredo
O avaro coração lhe consumia.

---

[85] *A Inquisição que os Duques de Guise quiseram estabelecer em França.*
[86] *Todos os homens que vivem num país onde se permite a liberdade de consciência declamam contra a Inquisição porque os faz conter na única e verdadeira Religião do Cristianismo. Ver nota 71 do canto V. (Nota da primeira edição.)*

De improviso Potier se ergue, e demanda
Ser ouvido; a rígida virtude
Faz a sua eloqüência; nestes tempos
Infelizes, de todo corrompidos
Pelo crime, Potier[87] foi sempre justo,
Portanto respeitado; muitas vezes
Ele se havia visto pela sua
Nobre constância reprimir a grande
Licença escandalosa dos rebeldes,
E sobre eles a antiga autoridade
Conservando, mostrar-lhes com prudência,
O que era de justiça. Ele levanta
Por fim a voz; agitam-se, murmuram,
Eles o cercam, e ouvem; o tumulto,
E o rumor cessam. Assim como acontece
Em Nau, que os grossos mares agitaram,
Onde dos gritos já dos marinheiros
Nem o ar se altera, nem jamais se escuta,
Que da proa espumante o doce ruído,
Quando com feliz curso vai rompendo
O mar, que lhe é sujeito; tal se via
Potier ditando as suas leis mais justas,
E à sua voz calava-se o congresso.

"Vós destinais Mayenne (lhes diz ele)
Ao supremo lugar; assaz compreendo
Toda a vossa intenção, eu vos desculpo:
Mayenne tem virtudes, que não podem
Encarecer-se bem; eu o elegera,
Se elegê-lo pudesse; mas nós temos
Nossas leis, e este mesmo Herói insigne,
Quando o império pretende, se acredita
Dele então menos digno." Ao dizer isto,
Mayenne de repente vem entrando
Com aquele aparato que costuma
Seguir um Soberano, sem que mude

---

[87] *Potier pediu publicamente ao Duque de Mayenne a permissão de se retirar para Henrique IV. "Eu vos respeitarei toda a minha vida, como meu benfeitor", lhe disse ele, "mas não posso reconhecer-vos como meu soberano".*

Potier de aspecto, quando o reconhece:
"Sim, Príncipe (prossegue de um tom cheio
De firmeza), eu vos amo assaz, e estimo
Para empreender que a minha fala agora
Contra vós se dirija pela França,
E por nós: o direito se pretende
De eleger Rei, em vão o pretendemos;
A França tem Bourbons; Deus vos há feito
Nascer junto ao lugar, e emprego augusto,
Que ocupar eles devem, por que o Trono
Lhes defendesses, não por que o usurpasses:
Lá do seio dos mortos não tem Guise
Que pretender mais nada; bastar deve
À sua cinza o sangue Soberano;
Se ele perdeu a vida injustamente,
Vingado o tem também outra injustiça:
E pois o Céu mudou agora o Estado,
Mudai-vos vós também, de todo acabem
Com Valois juntamente as vossas iras;
Derramado não tem Bourbon o sangue
De vosso irmão; o Céu, que sempre justo
A vós ambos amou, muito virtuosos
Vos fez para inimigos: mas já soa
O público clamor, ouço o sussurro,
E os nomes espantosos de relapso,
E de herege; de um falso zelo eu vejo
Que enfurecidos nossos Sacerdotes,
Com o ferro na mão... ah! desgraçados!
Detende-vos; que lei, que exemplo, ou antes
Que fúria sanguinosa roubar pode
Ao ungido do Senhor vossa homenagem?
O filho de São Luiz feito perjuro
Aos juramentos seus? Ele dos nossos
Altares vem prostrar os fundamentos?
Aos pés destes Altares instruir-se
Ele pretende; as leis, das quais o império
Desprezais, ele segue, ele as abraça;
As virtudes honrar de qualquer Seita
Ele sabe; venera o vosso culto,
E ainda o vosso abuso; a Deus somente
(Que é quem vê o que somos) o cuidado

De condenar os homens ele entrega.
Como Rei, como Pai a governar-vos
Ele vem; mais Cristão do que vós mesmos,
Vem dar-vos o perdão; tudo com ele
É livre, e só o não pode ser Henrique?
Quem Juízes vos faz, por que direito
Do vosso Rei? Vós sois infiéis Pastores,
Indignos Cidadãos. Que mal com esses
Cristãos primeiros tendes semelhança,
Que desprezando todos esses Deuses
De gesso ou de metal, se conduziam,
Sem murmurar, debaixo de um tirano,
Ou de um Príncipe idólatra; expiravam
Sem nunca se queixarem; antes cheios
De golpes, sobre infames cadafalsos,
Os Algozes honravam: ah! só estes
Eram Cristãos, eu outros não conheço;
Pelos seus Reis morriam, vós os vossos
Assassinais; e Deus, que quereis seja
Implacável, zeloso, se procura
Vingar-se, é só de vós, bárbaros homens."

A tão livre discurso não ousava
Outro algum responder, pois pelos toques
Mais poderosos todos se sentiam
Cheios de confusão; debalde intentam
Afugentar de seus corações fortes
O temor que nos maus causa a verdade;
A raiva, e o medo a um tempo perturbavam
Seus pensamentos, quando de repente
Mil vozes até os ares impelidas
Com um confuso estrondo a toda a parte
Ressoar fazem "Cidadãos às armas,
Ou nós somos perdidos" as espessas
Nuvens, que o pó formava, do Sol claro
No campo toda a luz tornava escura;
Das caixas, e clarins o som horrendo
Era anúncio da perda, que os espera:
Tais das grutas do Norte desatadas

Sobre a terra as furiosas tempestades,
Precedidas dos ventos, e seguidas
Do trovão, todo o ar escurecendo
De um turbilhão de pó, que a vista assombra,
Vão discorrendo assim pelo Universo.

É o espantoso exército de Henrique,
Que de tanto repouso já cansado,
E de sangue faminto forma ao longe
Os formidáveis gritos: ele imenso
Cobre toda a campanha, e a Paris marcha:
Não emprega Bourbon os seus saudáveis
Momentos em render as ordinárias
Honras ao Rei defunto, em distinguir-lhe
O sepulcro c'os títulos brilhantes
Que recebem os mortos, quando o orgulho
Dos vivos o protege; não oprimem
Suas mãos as ribeiras desoladas
Com o peso dos Mausoléus inúteis,
Pelos quais (apesar da injúria certa
Dos tempos, e da sorte) quer dos grandes
A vaidade triunfar da iníqua Parca;
Ele a Valois na habitação escura
Outros feudos pretende enviar mais dignos
Da sua sombra; quer punir valente
Seus assassinos, vencer quer furioso
Seus inimigos, té que feliz torne
Seu Povo, quando o houver já submetido.

Ao improviso estrondo dos assaltos,
Que ele dispõe, separa-se o conselho
Dos Estados, de susto surpreendido;
No mesmo instante ao alto das muralhas
Corre Mayenne; unida a soldadesca
Voa a seus estandartes; ela insulta
A desmarcados gritos o Herói forte
Que se avança; está pronto para o ataque
Tudo, e tudo também para a defesa.

Não era tal Paris lá nesses tempos
Calamitosos, qual em nossos dias
Ao Francês mais feliz ela se mostra;
Cem fortes, que o furor, e o medo haviam
levantado, seu círculo encerravam
Em mais pequeno espaço; seus subúrbios,
Que hoje tão grandes são, e majestosos,
E que abertos a mão da paz têm sempre,
Para a imensa Cidade eles servindo
De soberbas entradas, com Palácios
Magníficos, que até às nuvens sobem,
Eram longas Aldeias, que cingia
Uma muralha em roda, e por um fosso
Profundo de Paris se separavam:
Da parte do Levante sem demora
Bourbon se avança; e apenas ele chega,
A morte lhe precede; o ferro, e o fogo
De toda a parte voam, dos sitiantes,
E do alto das muralhas; enfim estas,
Soberbas até ali com suas torres,
E fortificações, já se desfazem,
Já cedem às procelas abrasadas
De tiros repetidos vêem-se rotos
Os grandes batalhões, e destroçados;
Pelo campo dispersos longe deles
Seus membros; tudo aonde chega o ferro
Cai, e a pó se reduz; enfim peleja
Com os raios qualquer dos dois Partidos.

Com menos arte, ao meio dos combates
Se avançavam à morte antigamente
Os miseráveis homens; à carnagem,
Não com tanto aparato, eles corriam;
Nas suas mãos o ferro às suas iras
Era bastante; mas o industrioso
Esforço dos tiranos descendentes
Até dos Céus o fogo tem roubado;
Ouviam-se zunir as espantosas
Bombas, filhas que são abomináveis

Das turbações de Flandres.[88] Nestes globos
De bronze, o nitro apenas inflamado,
Voa com a prisão, que o tem recluso;
Ele a rompe, e então sai furiosa a morte.

Em profundas cavernas com mais arte,
E mais barbaridade, se há sabido
Encerrar de mil raios subterrâneos,
As chamas a incender-se sempre prontas:
Debaixo de um caminho muito fácil
De enganar, e por onde voa à morte
O soldado que em seu valor confia:
De repente os abismos vêem-se abertos,
Do pó sulfúreo vão negras torrentes
Pelos ares dispersas, por um novo
Trovão, cem batalhões, em um instante,
São na terra absorvidos, e submersos:
A tais perigos vai oferecer-se
Bourbon; é por aqui que ele deseja
Ao seu Trono subir: os seus guerreiros
Se expõem também com ele às tempestades;
Têm o Inferno a seus pés, e o raio ardente
Sobre suas cabeças; mas a glória
Anda ao lado do Rei; eles a observam,
E como a atendem só sem pavor marcham.

Mornay, por entre as ondas da torrente
Impetuosa, se avança, com um passo
Grave sim, porém sempre destemido,
Nem capaz de furor, nem de haver susto;
Ao ruído dos canhões inalterável,
No horror maior tranqüilo; de um aspecto
Insensível, e firme: ele na guerra
Não vê mais que um castigo dos horríveis
Crimes da terra; enfim Mornay só marcha
(Qual Filósofo) aonde a honra o leva,
Aos combates não vai, segue a seu Amo.

---

[88] *Nas guerras de Flandres, reinando Filipe II de Espanha, é que um Engenheiro Italiano fez uso das bombas a primeira vez.*

Finalmente eles descem ao caminho;
Terrível, que uma altíssima explanada,
Tinta de sangue, faz inacessível;
É ali que o perigo suas forças
Torna a animar; de mortos, e faxinas
Eles enchem os fossos; sobre montes
De cadáveres marcham, e se avançam;
Com um precipitado curso à brecha
Se arremessam; do ferro sanguinoso
Armado Henrique, e do luzente escudo
Coberto, ele é o primeiro, que na frente
Deles se arroja; sobe, e já arvorado
Nas suas mãos triunfantes de seus Lírios
Tem as bandeiras: tornam-se então cheios
De pavor os da Liga diante dele;
Seu vencedor, e Rei bem pareciam
Respeitar. Já cediam; mas Mayenne
Os esforça de novo; ele lhes mostra
O exemplo; ao crime torna a convocá-los;
Seus esquadrões cerrados oprimiam
Por toda a parte o Rei, de quem as vistas
Não se atrevem suster. A cruel Discórdia
Com eles sobre os muros se revolve
No sangue, que por ela se derrama.
O soldado a seu gosto combatendo
De mais perto nos muros infelizes,
Leva com isso à morte mais segura.

Já não se ouvem da guerra os ímpios raios,
Com que as bocas do bronze tão funestas
O Universo assustaram; um silêncio,
Que é filho do furor, é que sucede
Com mais horror aos ecos estrondosos;
Com braço destemido, em ira acesos
Os olhos, cada qual então procura
O passo abrir por entre os inimigos.
São repelidos; um contrário esforço
Faz com que se restaure a alta muralha
De sangue tinta, teatro que é da morte.
Duvidosa a vitória tem ainda
Nas suas fatais mãos, junto dos Lírios,

De Lorena o estandarte. Os sitiantes
Surpreendidos, por toda a parte se acham
Destroçados; cem vezes vitoriosos,
Cem vezes consternados; semelhantes
Ao mar, que das tormentas impelido,
De momento em momento inunda as praias,
E ao mesmo tempo delas se retira.

Jamais o Rei, jamais o seu ilustre
Rival foram tão grandes, como neste
Tão horroroso assalto. Pelo meio
Da carnagem, e do sangue, qualquer deles,
Senhor do seu espírito, e não menos
Do seu valor, dispõe, manda, executa,
Vê tudo ao mesmo tempo, e de um só golpe
De vista ordena os fortes movimentos.

A formidável tropa dos Ingleses,
Pelo valente Essex ao duro assalto
Conduzida, marchava a vez primeira
Debaixo só dos nossos estandartes,
Admirados talvez de que servissem
Aos nossos Reis sujeitos. Eles vinham
A honra sustentar da sua Pátria,
Por combater ardiam; e orgulhosos
Por dar a vida sobre os mesmos muros,
Nesses mesmos lugares, onde o Sena
Viu reinar seus Avós em outro tempo.
Essex avança à brecha, onde d'Aumale
Combatia; ambos moços, e briosos,
Cheios de igual ardor; quais lá nos muros
De Tróia os Semideuses se pintavam.
De tropel seus amigos logo acodem
Ensangüentados todos junto a eles;
Os Franceses, Ingleses, e os Lorenas,
A quem une o furor, assim avançam,
Combatem, ferem, morrem todos juntos.

Anjo, que conduzis deles a fúria,
E o braço, protetor destes combates,
Anjo exterminador, alma da guerra,

De qual Herói enfim tomais a causa?
Por quem dos Céus inclina a favorável
Sempre eterna balança? Muito tempo
Bourbon, Mayenne, Essex, e o seu contrário,
Sitiantes, e sitiados fazem uma
Carnagem igual; enfim, teve a vantagem
O Partido mais justo; Bourbon vence,
Ele aos seus abre o passo; fatigados
Os da Liga mais tempo não resistem;
Eles deixam os muros, eles ficam
Consternados. Assim uma torrente
Do alto dos Pirineus se vê, que ameaça
As Ninfas pelo vale espavoridas;
Os diques, que se opõem às suas ondas
Procelosas, sustentam algum tempo
O seu violento choque, porém logo,
Esta barreira fraca destroçada,
Conduz ao longe o estrondo, a morte, o espanto,
Arranca de passagem os mais soberbos
Carvalhos, que os invernos insultavam,
E que aos Céus se erguiam; ela solta
Os rochedos das faldas das montanhas
E atropela os rebanhos fugitivos,
Que vagam pelos campos. Tal descia
O destro Henrique, a passos apressados,
Dos fumegantes muros que ganhara;
Tal de um terrível braço ele caindo
Sobre os rebeldes, vence na carreira
As tropas criminosas. Com espanto
Os Dezesseis confusos já fugiam
Ao braço vingador; o medo os deixa
Turbados, e dispersos. Enfim manda
Mayenne abrir as portas, e seguido
Dos seus soldados, ele em Paris entra.
Os vencedores fortes, e furiosos,
Com os fachos na mão, sobre os subúrbios
Ensangüentados voltam de repente.
Da milícia o valor precipitado
Se torna em raiva; tudo entrega ao ferro,
Tudo à chama, e à pilhagem. Mas Henrique
Nada vê, que o seu vôo se remonta

Em seguir o inimigo, que fugia
À vista dele; seu valor o eleva,
Sua vitória o inflama; os arrabaldes
Ele deixa, ele só se avança à porta;
"Companheiros sobre estes altos muros
Vinde, subi, trazei o ferro, e o fogo."

Quando ele isto dizia, lá do centro
De uma nuvem se mostra à sua vista
Um fantasma brilhante; era seu corpo
Cheio de majestade, os elementos
Dominava, a Bourbon ele descia
Sobre as asas dos ventos; as mais vivas
Luzes da Divindade bem mostravam
As imortais belezas do seu rosto;
Seus olhos pareciam todos cheios
De ternura, e de horror; "Detém-te (grita
Ele então) desgraçado vitorioso;
Vais entregar às chamas, e à pilhagem
De cem Reis teus Avós a eterna herança?
Roubar o teu país, saquear meus Templos,
Destruir teus Tesouros, teus vassalos,
Degolar, e reinar só sobre os mortos?
Detém-te." A esta voz inda mais forte
Que o trovão, o soldado se horroriza,
Abraça a terra, e não atende ao saque;
Bourbon, cheio do ardor, que ainda a peleja
Em seu peito inflamava, igual ao Oceano,
Que murmura, inda quando já se aplaca,
"Ó fatal habitante do invisível
Mundo (diz) que vens tu nesta morada
De horrores anunciar-me?" Ele então ouve
Estas palavras cheias de doçura.
"Eu sou o feliz Rei, a quem respeita
A França, dos Bourbons sou Pai, sou deles
Protetor; sou Luiz, que em outro tempo,
Como tu, pelejei; de quem tu sempre
A fé em teu coração hás desprezado;
Luiz que te lastima, que te admira,
E que te ama: algum dia sobre o Trono
Deus te há de conduzir, e tu, meu filho,

VOLTAIRE

Em Paris vencedor terás entrada
Não por preço do teu valor, Henrique,
Mas da tua piedade. É Deus somente
O que disto me instrui, e quem me envia."

O Herói, a estas palavras, de seus olhos
Lágrimas de alegria foi vertendo;
A paz se vê de todo haver extinto
A ira em seu coração; ele prostrado
Clama, suspira, adora; de um divino
Horror sua alma se acha penetrada;
Três vezes à sagrada sombra estende
Os braços, e outras tantas se desvia
Seu Pai, de que ele o abrace: qual ligeira
Nuvem, que se dissipa pelos ventos.

Do mais alto do muro formidável,
Entretanto os da Liga armados todos,
Todo um Povo sem número, Estrangeiros,
Franceses, Cidadãos, Chefes, Soldados,
Sobre Bourbon o ferro, e a morte fazem
Chover; brilha do Altíssimo a virtude
Sobre sua cabeça; ela é que aparta
A forte tempestade, em que se via,
Dos tiros que lhe lançam; ele observa,
Ele então vê de que perigo horrível
Chega o Pai dos Bourbons a libertá-lo:
Voltando-se a Paris com uma vista
Triste, e tranqüila, diz "Cruéis Franceses,
E tu, fatal Cidade, desgraçados
Cidadãos, Povo infiel, gente covarde,
Até quando quereis fazer a guerra
Ao vosso Rei?" Então do mesmo modo
Que o astro, autor da luz, havendo dado
Fim à ardente carreira, resplandece
Nas margens do Horizonte com um fogo
Mais brando, e parecendo à nossa vista
Maior, também parece que se ausenta
Longe de nós; assim longe dos muros
De Paris se retira o bravo Henrique,
Cheio seu coração do seu Rei santo,

Cheio de Deus, que o ilustra. Ele a Vincennes
Marcha, aonde Luiz em outro tempo,
Ao pé de uma azinheira então sentado,
Ditou suas leis justas. Que mudança,
Morada antigamente deliciosa,
É esta, em que te vejo! Tu, Vincennes
Não és mais que uma torre abominável,
Uma prisão de Estado, um lugar forte
De desesperação, em que é freqüente
O caírem do seu poder mais alto
Os Ministros, e os Grandes, que trovejam
Sobre nossas cabeças; que na Corte
Superiores são sempre às tempestades;
Que vivem de oprimir, e ao mesmo tempo
São oprimidos; feros, e submissos
Juntamente; umas vezes são do Povo
O ódio, e outras o amor. Já do Ocidente;
Em que as sombras se formam, vem a noite
Trazer sobre Paris seu manto escuro,
E esconder aos mortais nesta morada,
Toda de sangue, os mortos, e os combates
Funestos, que há mostrado a luz do dia.

CANTO VII

ARGUMENTO

São Luiz transporta a Henrique IV em espírito ao Céu e aos Infernos, e lhe faz ver no Palácio dos Destinos a sua posteridade, e os grandes homens, que a França deve produzir.

A Clemência infinita do Deus vivo,
Que nos criou, por adoçar os males
Desta vida tão curta, em nós há posto
Duas coisas bem úteis, que são ambas,
Amáveis habitantes para sempre
Da terra, são arrimo nos trabalhos,
Na indigência tesouros: uma é o sono,
Outra, a esperança; quando de oprimido
Em langores seu corpo sente o homem,
Os órgãos sem vigor, sem resistência,
O primeiro, por uma doce calma,
Vem socorrer a aflita natureza,
E trazer-lhe um total esquecimento
Das penas que suporta: a outra anima
Os nossos corações; nossos desejos
Ela acende; e ainda quando nos engana,
Prazeres verdadeiros nos dá sempre;
Mas aos caros mortais, aos seus amados,
A quem o Céu a envia, fabuloso
Não é o contentamento que ela inspira;
De Deus é que ela traz tanto a promessa,
Como o conforto; enfim, ela é constante,
Perfeita, pura, tal qual Ele mesmo.

Luiz, junto a Bourbon, chama por ambas,
"Chegai-vos a meu filho (lhes diz ele)
Vinde fiel parelha." Ouviu-o o sono;

Desde o retiro lá das suas grutas,
Para estas sombras frescas brandamente
Vem marchando; demoram-se em silêncio
À sua vista os ventos; eis os sonhos
Afortunados, filhos da esperança,
Para o Príncipe voltam, e sobre ele
Vão espalhando os Louros, e as Olivas
Juntamente co'as suas dormideiras.

Luiz, neste momento, a mão lançando
Do seu diadema, o põem sobre a cabeça
Do Vencedor, e diz-lhe: "Reina e triunfa,
E em tudo sê meu filho; em ti somente
Se restaura da minha descendência
Toda a esperança: sim; porém o Trono
Não te basta, Bourbon; dos dons sublimes
De Luiz, o menor é o seu Império;
Herói, Conquistador, e Rei, que importa
Que tu sejas? Se o Céu te não ilustra,
Então nada te há feito; essas mundanas
Honras nada mais são que um bem estéril,
São da virtude frágil recompensa,
Perigoso relâmpago, que passa,
Um bem de turbações sempre assistido,
Que a morte enfim destrói; eu quero agora
Descobrir-te um Império mais durável,
Por te recompensar não tanto, como
Por te instruir: vem, segue-me, pois deves
Ir por novos caminhos; voa ao seio
De Deus mesmo, e completa os teus destinos."

Isto dizendo, eis que ambos, em um carro
De luzes, atravessam a carreira
Dos Céus em um momento: tais na noite
Os raios, e os relâmpagos se observam
Correr de um pólo a outro, dividindo
Os densos ares; tal aquela nuvem
Abrasada se eleva, que roubando
Aos olhos de Elizeu seu grande Mestre,
Em um carro de fogo o arrebata
Longe das margens deste nosso globo.

No centro refulgente desses orbes
Imensos, que esconder-nos não puderam
Sua marcha, e distâncias, resplandece
O astro do dia aceso por Deus mesmo,
O qual, sobre seu eixo luminoso,
Gira ao redor de si; dele procedem
As torrentes de luz intermináveis;
Logo que ele se mostra, é o que dá vida
À matéria; ele os dias distribui,
As estações, e os anos aos diversos
Mundos ao redor dele flutuantes;
Obedecendo à Lei Divina imposta,
Os mais astros se atraem[89] no seu curso,
E sem interrupção eles se alongam;
E servindo um ao outro já de regra,
Já de apoio, se emprestam essas mesmas
Luzes brilhantes, que recebem dele.
Da outra parte do giro que eles fazem,
E longe, nesse espaço, em que é nadante
A matéria, e que Deus somente abraça,
Estão os Sóis sem número, estão Mundos
Infinitos; é neste abismo imenso
Que lhe abre um caminho. Da outra parte
Dos Céus todos, o Deus dos Céus reside.

É aí que seguiu o Herói famoso
O condutor celeste, aí se ordenam
Todos esses espíritos diversos
Que povoam o mundo, e os corpos enchem;
Aí depois da morte se profundam
Livres já para sempre nossas almas
Da grosseira prisão em que habitavam;
Aí junta o Juiz incorruptível
A seus pés os espíritos eternos,
Que o seu sopro há criado. Este infinito
Ente é a quem se obedece, e que se ignora;
Com diferentes nomes respeitado

---

[89] *Ou se admita ou não a atração de Monsieur Newton, sempre é certo que os globos celestes se aproximam e se desviam sucessivamente, parecendo que se atraem e se separam.*

Se vê do mundo inteiro; do alto Empíreo
Nossos clamores ouve, e se lastima
Da grande multidão de nossos erros,
Da ignorância dos homens, que assim formam
Com piedade figuras insensatas
Do seu saber imenso, e inacessível.

Junto a ele conduz a horrível morte,
Filha do tempo, os habitantes todos
Deste triste Universo; ora os Brâmanes,
Ora os Bonzos, discípulos profanos
Do seu grande Confúcio; ela ali leva
Os que aos Persas antigos sucederam,
Inda cegos sectários,[90] bem que ocultos
De Zoroastro; os moradores fracos
Dessas frias regiões, a quem de gelo
Cercam, e inundam mares dilatados;
Aqueles que da América povoam
Os densos bosques, do invencível erro
Inumeráveis súditos; o Turco
Admirado, e com uma vista ansiosa,
À direita de Deus em vão procura
O seu Profeta; o Bonzo com os olhos
Penitentes, sombrios, em vão chega
A exagerar seus votos, e tormentos.

Num instante ilustrados esses mortos;
Tremendo esperam todos em silêncio
Uma eterna sentença; Deus, que tudo
Em um momento vê, ouve, e conhece,
De um golpe de olho os pune, e também d'outro
Os absolve: Bourbon para o invisível
Trono senão chegou, de donde mana
A cada instante o Juízo de horror cheio,
Em que Deus pronuncia aos homens todos
Seus eternos destinos, que em vão muitos
Orgulhosos, a prevenir se atrevem:
"Qual é (dizia Henrique, perguntando

---

[90] *Na Pérsia os Guebres têm Religião à parte, e pretendem que esta seja à que fundou Zoroastro.*

A si mesmo) Qual é de Deus[91] sobre estes
A justiça suprema? Deus castiga
Os homens por cerrarem tanto os olhos
Às luzes que Ele mesmo apartou deles?
Como injusto senhor pode julgá-los
Sobre a lei dos Cristãos, lei que eles mesmos
Conhecer não puderam? Não é crível,
Não, Deus nos há criado, Deus a todos
Quer salvar, nos instrui em toda a parte:
Sim, e em todo o lugar Ele nos fala;
No coração de todos há gravado
A lei da natureza, essa que é sempre
A mesma, e sempre pura; é pois por ela,
Que Deus julga os Gentios certamente,
E se o coração destes justo há sido,[92]
Não se pode negar que Cristãos foram.

Entanto que do Herói a perturbada
Razão lançava sobre um tal mistério
Uma vista indiscreta, aos pés do Trono
Eis que soa uma voz; o Céu se abala,
Treme todo o Universo; seus acentos
Eram quais do trovão, aqueles, quando
Deus do Monte Sinai falava à terra:
Dos imortais o coro por ouvi-la
Se calou, e cada astro no seu curso
Foi repeti-la: "À tua razão fraca
Não te queiras render, Deus te há criado
Para O amar, não para O compreenderes;
Inda quando invisível a teus olhos
Reine em teu coração; Ele confunde
A injustiça, Ele o erro sim perdoa,

---

[91] *O argumento que aqui faz o Autor na pessoa de Henrique IV é bem sutil. Deus não nos castiga, nem nos julga senão conforme as luzes que Dele temos recebido. Aqueles que gozaram do benefício da revelação devem ser julgados pela lei positiva; os que porém dela não tiveram conhecimento e invencivelmente a ignoraram (se isso pode acontecer) por aquela da natureza. (Nota da primeira edição.)*
[92] *É isso uma hipótese nunca praticável, porque a natureza corrupta pelo pecado original não tem forças para a observância da lei, sem o adjutório da graça. (Nota da primeira edição.)*

Não o que é voluntário; os olhos abre,
Ó mortal, quando a Sua luz te ilustre."
Neste momento Henrique eis já se sente
De um apressado vôo arrebatar-se,
E por um turbilhão ser nesse espaço
Transportado para uma informe, horrenda,
Feroz habitação, do antigo Caos
Imagem horrorosa, impenetrável
Aos raios dos seus Sóis resplandecentes,
Chefes de obra das mãos de Deus Supremo,
E como Ele benéficos: sobre esta
Terra horrível, aos Anjos sempre odiosa,
Não lançou Deus a pródiga semente
Da vida; a morte, sim, a horrível morte,
E a confusão parece que assentaram
Seus domínios ali: Oh que clamores!
Que gritos espantosos! Que torrentes
De fumo, e fogo! "Nestes climas (grita
Bourbon) que monstros voam! Que voragens
De chamas a meus pés se vão abrindo!"
São, filho, essas que vês do abismo as portas;
Que a justiça fundou, e que habitado
Pelo crime se vê; segue-me, Henrique,
Que abertos estão sempre seus caminhos;
As portas dos Infernos[93] marcham logo.

A escura Inveja ali se manifesta,
No olhar tímida, e vesga; sobre os louros
Sua boca se vê lançar venenos,
A luz fere seus olhos, que cintilam
Nas sombras; triste amante ela dos mortos;
Os vivos aborrece; percebendo
A Henrique, se desvia, e então suspira.
Logo se vê o Orgulho, que se queixa
E se admira. Com pálido semblante
A Fraqueza, com os olhos abatidos,
Tirano, que se molda com os crimes,

---
[93] *Os Teólogos não têm decidido, como artigo de fé, que o inferno fosse no centro da terra, alguns o têm posto no Sol; aqui se põe em um globo destinado unicamente a este uso.*

E as virtudes destrói. A sanguinosa
Ambição perturbada, e sem sossego,
Cercada está de tronos, de sepulcros,
E de escravos. A terna Hipocrisia,
Os olhos brandos, cheios de doçura,
Tem no semblante o Céu, mas tem o Inferno
Dentro em seu coração. O Zelo falso
Suas bárbaras máximas expondo;
E por fim o Interesse então se mostra,
Pai de todos os crimes, Pai infame.

Dos corruptos mortais estes Tiranos
Impetuosos, ao verem longe a Henrique,
Consternados se mostram; jamais eles
O haviam visto, nem tão ímpia tropa
Se avizinhou jamais a tão bela alma,
Nutrida da virtude. Quem é este
Mortal (diziam eles) conduzido
Por este Justo, e Santo, que aqui mesmo
Nos vem perseguir nesta noite eterna?

Por entre estes espíritos imundos
O Herói se adiantava a passos lentos
Debaixo das abóbadas extensas;
É Luiz quem o guia: "Céus, que vejo?
De Valois o assassino! A mim presente
Este monstro! Meu Pai, ele tem inda
O ferro parricida que o conselho
Dos Dezesseis lhe pôs na mão infame;
Entanto que em Paris[94] os Sacerdotes
Ímpios ousam manchar com o seu retrato
Os sagrados Altares, e que a Liga
O invoca, Roma o exalta, aqui o Inferno,
Pelos tormentos, vejo que o reprova."

Filho (tornou Luiz) com mais severas
Leis castigados são nestes lugares

---

[94] *O Parricida Jacques Clemente foi louvado em Roma, na Cadeira em que se devera pronunciar a Oração fúnebre de Henrique III. Em Paris se pôs a sua imagem nos Altares junto com a Eucaristia.*

HENRIADA

Os Príncipes, e os Reis; vede esses ímpios,
E inumanos, que foram adorados
Enquanto vivos: sim, quanto eles eram
Mais poderosos, hoje mais se humilham;
Neles castiga Deus não só os delitos,
Que por suas mãos ímpias cometeram,
Mas aqueles também que não vingaram;
E outros que permitiram. Foi a morte
Quem lhes roubou das mãos essas grandezas
Transitórias, o fausto, os vãos prazeres,
Esses aduladores mercenários,
Cuja mais que industriosa complacência
A vista lhes turbava, por que oculta
A verdade lhes fosse; hoje a verdade
Mais terríveis lhes faz os seus suplícios;
A seus olhos presente ela lhes mostra
Todos os crimes; vede como tremem
À sua voz uns tais Conquistadores
Havidos por Heróis, mas que nos olhos
De Deus só são Tiranos, pois flagelos
Foram do mundo inteiro, que abrasado
Se viu dos seus furores; esse mesmo
Raio, que eles vibraram, já se volta
Contra eles, e os destrói; ali prostrados
Junto deles estão os negligentes,
Que o Trono envileceram, e que foram
Fantasmas frouxos. Junto aos Reis, Henrique
Os seus ímpios Ministros já divisa,
Sobretudo os injustos Conselheiros,
Que avaros corruptores dos costumes,
E das leis, têm vendido sempre as honras
De Themis, e de Marte, e que primeiros
Puseram sem pudor a indignos lanços
O preço inestimável das virtudes
De nossos Pais: Também nestes lugares
Estais vós, corações fracos, e tenros,
Que entregues às delícias, recostados
Sobre flores, sem fel, e sem orgulho,
Sempre em ócio passastes vossos dias
Inúteis, e nutridos na moleza!
E sereis vós aos réprobos unidos,

Vós, mortais benfeitores, vós, amantes
Da virtude, que só por um momento
De dúvida, ou fraqueza, haveis murchado
Os frutos de trinta anos de prudência!
O generoso Henrique então não pôde
As lágrimas conter. Ah![95] Se é verdade
(Diz ele então) que a raça dos humanos
Se há de em chusma absorver nesta profunda
Habitação de horrores. Ah! Se os dias
De uma tão triste vida, e transitória,
De um eterno tormento sem remédio
São seguidos, melhor não lhes seria
Não ver jamais a luz? Oh! Que ditosos,
Se nos ventres das Mães logo expirassem,
Ou se este Deus ao menos tão severo,
O grande Deus ao homem muito livre
Se dignasse roubar o desgraçado
Poder de assim Lhe ser desobediente!

Não tenhais para vós (Luiz lhe torna)
Que estas vítimas tristes se castiguem
Com excesso aos seus crimes, nem que o Justo
Deus, Criador dos humanos, se glorie

---

[95] *Os argumentos com que Henrique IV ataca neste lugar a Eternidade das penas infernais, pelos prazeres momentâneos da fraqueza, são desfeitos pela resposta de São Luiz nos seguintes versos... nos quais quer dizer que, se esses prazeres são culpas leves, se castigam no Purgatório, como adverte a observação seguinte: para justificar a conduta do Eterno a respeito dos réprobos, basta lembrarmo-nos do pecado original, pelo qual nós nascemos filhos da ira por natureza, e destinados ao fogo eterno, assim como por qualquer pecado grave que em qualquer momento se pode cometer. Deus não castiga delitos leves com penas graves; como é justo, Ele sabe proporcionar os castigos às culpas. Mas se o homem devia abusar da liberdade, por que lhe foi esta concedida? Deus dando ao homem a liberdade (e que seria o homem sem ela) constituiu-o um ente perfeito, em cujo poder estava ou merecer pelo seu bom uso, ou sujeitar-se a infinitas desgraças pelo abuso, que dela fizesse na infração dos seus preceitos; e eis aqui o princípio da sua infelicidade. Contudo Ele julgou melhor (diz Santo Agostinho) tirar dos males algum bem do que não permitir mal algum no Universo. "Melius judicavit de malis bona facere, quam mala nulla esse permittere." E que bem não foi para o Universo a Encarnação do Verbo? (Nota da primeira edição.)*

De aniquilar das Suas mãos a obra;
Não, filho, Ele é infinito, e o é não menos
Nas Suas recompensas; as vinganças
Pródigo dos Seus dons Ele limita:
Embora sobre a terra Ele se pinte
Exemplo de Tiranos; Pai amável
É quando os filhos pune; Ele adoçando
Sempre os raios está da vingadora
Mão Sua; Ele não sabe da fraqueza
Castigar os momentos, nem os leves
Passageiros prazeres, associados
De desgosto, e de enfado, com tormentos[96]
Como Ele eternos, para sempre horríveis.

Disse, e logo ambos eles num instante
Se passam aos lugares venturosos
Em que habita a inocência. Dos Infernos
A escuridão terrível já não viam,
Mas sim a luz mais pura, a claridade
Imortal; logo pois que Henrique atende
À bela habitação, eis de improviso
Sente, ao vê-la, espalhar-se na sua alma
Uma estranha alegria; ali os cuidados,
As paixões, não se vê que turbar possam
Os corações; ali tranqüilo o gosto
As doçuras derrama. Nestes climas
Sentem todos, Amor, o teu império;
Não porém esse amor que infausto inspira
A moleza, mas sim Divina chama,
Fogo santo, e sagrado, casto filho
Dos Céus, que sobre a terra inda se ignora;
Dele só para sempre se enchem todos
Os corações, que sem cessar desejam,
E gozam sem cessar, e que possuem
Sem pesares o gosto, sem langores
O repouso; ali vivem, ali reinam
Os bons Reis, que as idades produziram,
Os perfeitos Heróis, os verdadeiros

---

[96] *É fácil, e se deve entender por este lugar as culpas veniais e o Purgatório.*

Sábios; ali se vê num Trono de ouro
Carlos Magno, e Clovis, velando sempre
Sobre o Império dos Lírios; os maiores
Inimigos, os fortes adversários
Reunidos todos como irmãos se portam:
O sábio Luiz XII[97] entre os Monarcas
Como cedro se eleva, e as leis despende:
Quando a nossos Avós o Céu propício
Este Rei concedeu, fez que a Justiça
Sobre o Trono com ele se sentasse;
Muitas vezes perdoou, dominou sempre
Os corações; dos olhos do seu Povo
Ele o pranto enxugou. D'Amboise[98] é aquele
Que a seus pés se divisa, fiel Ministro,
Que só amou a França, e quem só dela
Foi sumamente amado; amigo terno
Do seu Rei, e que na alta dignidade
Suas mãos não manchara com rapinas,
Nem com sangue. Que belos dias esses!
Que costumes! Que tempo perdurável
Para a memória! O Povo era ditoso,
Cheio de glória o Rei, os doces frutos
De suas sábias leis gostavam todos,
Reinando outro Luiz, tornai ó tempos!

Mais distantes estão esses guerreiros
Que a vida desprezaram inflamados
Do seu dever, e não da sua fúria;
Clisson,[99] Montmorency,[100] de Foix,[101]
             [La Trémouille,[102]

---

[97] *Luiz XII é o único Rei que se apelidou Pai do Povo.*
[98] *Georges d'Amboise foi justamente estimado da França, e do Rei, porque igualmente os amava a ambos.*
[99] *Clisson (o Condestável), no reinado de Carlos VI.*
[100] *(Montmorency) são infinitos os serviços que esta casa tem feito ao Estado.*
[101] *De Foix (Gaston), Duque de Nemours, sobrinho de Luiz XII, foi morto na célebre batalha de Ravenna, que ele tinha ganhado.*
[102] *Guy de la Trémouille, apelidado "o valente", é quem aqui se teve em vista.*

Guesclin[103] o destruidor, e ao mesmo tempo
O vingador dos Reis, Bayard[104] virtuoso,
E vós brava Amazona,[105] dos Ingleses
A vergonha, do Trono o apoio firme.

Os Heróis (diz Luiz) que aqui estás vendo
Nos Céus, têm, como tu, da terra os olhos
Apartados; amável lhes foi sempre,
Como a ti, a virtude; mas da Igreja
Eles bons filhos sua Mãe prezaram;
Deles o coração simples, e dócil,
Estimava a verdade, enfim seu Culto
Era o meu, que tu sem razão deixaste.

Dizendo enternecido estas palavras,
Se apresenta o Palácio dos Destinos
Diante dele; ele faz marchar Henrique
A estes muros sagrados, e cem portas
De bronze às suas vistas então se abrem.

Com um vôo insensível diligente
O tempo sem cessar já se retira,
Já volta a este Palácio portentoso,
E daí sobre a terra ele às mãos cheias
Lança os bens, lança os males, que aos humanos
Se destinam; sobre um Altar de ferro
Um livro misterioso do futuro
Toda a história contém irrevogável:
A mão do Eterno nele há sinalado
Nossos desejos, nossas sempre tristes
Aflições, nossos fracos, vãos prazeres,
A liberdade ali se vê cativa
Por invisíveis laços prisioneira;

---

[103] *O Condestável du Guesclin salvou a França no reinado de Carlos V, conquistou a Espanha e colocou Henrique de Transtamara sobre o Trono de Pedro cruel, razão por que foi ao mesmo tempo Condestável de Castela.*
[104] *Bayard (Pierre du Terrail), chamado o Cavaleiro sem medo e sem nota. Ele armou Francisco I Cavaleiro na batalha de Marignan, e foi morto em 1523 na retirada de Rebec, em Itália.*
[105] *Joana d'Arc, conhecida pelo nome de Donzela d'Orléans.*

Debaixo de um desconhecido jugo,
Que ninguém quebrar pode, sujeitá-la
Sabe o Supremo, sem que a tiranize;
Às Leis Divinas tanto mais ligada
Quanto a sua cadeia é para sempre
A seus olhos oculta; submetida
É por sua eleição ainda assim mesmo
Quanto ela faz, e muitas vezes pensa
Dar as leis, e preceitos aos destinos.

Caro filho, é dali (Luiz lhe adverte)
Que a graça faz sentir aos homens todos
Seu favor eficaz; destes lugares
Sagrados algum dia partir deve
O raio vencedor; esse, que abrase
Teu forte coração; mas tu não podes
Diferir, apressar, nem menos, filho,
Conhecer os momentos estimáveis
De que é Deus só Senhor. Mas quanto longe
Ainda os tempos estão! Esses ditosos
Tempos, em que serás tu numerado
Entre os filhos de Deus! Ó quantas deves
Passar inda fraquezas vergonhosas!
Quanto tens de andar inda nos caminhos
Do engano! Eterno Deus, os dias deste
Grande Rei diminui, pois são dias,
Quando de ti o apartam, desgraçados.

Mas que turba se apressa nestas vastas
Estâncias? Sem cessar a todo o instante
Ela entra, e sabe. Vós vedes (Luiz responde)
Meu filho, nesta habitação sagrada
Os retratos dos homens, que algum dia
Devem nascer. Dos séculos futuros
Estas vivas imagens representam
Os lugares unidos, as idades
Adiantadas; dos homens certamente
Os dias todos, inda que contados
Antes dos tempos, são (ó filho) aos olhos
De Deus sempre presentes. O destino
Aqui sinala o instante, em que eles devem

Nascer no mundo; de uns o abatimento,
A grandeza dos outros, as diversas
Mudanças a fortunas vinculadas,
Seus vícios, ou virtudes, suas mortes.

Cheguemo-nos; o Céu te há permitido
O conhecer os Reis, e Heróis, que um dia
De ti hão de nascer: esse primeiro
Que aparece, é teu filho augusto, aquele
Que há de bem sustentar por muito tempo
Toda a glória dos Lírios; sim, do Belga,
E do Ibero o verá triunfante o mundo,
Mas nunca igual ao Pai, nem a seu filho.

Descobre Henrique então por entre as flores
De Lis dois homens cheios de arrogância
Junto ao Trono sentados; têm debaixo
De seus pés todo um Povo atado, e preso;
Da Púrpura Romana revestidos
São ambos; eles guardas, e soldados
Têm à roda de si. Henrique atende-os
Como a Reis. Não te enganas (Luiz prossegue)
Eles o são sem terem jamais disso
O título. Do Príncipe, e do Estado
Ambos árbitros são, Richelieu esse,
Est'outro Mazarin, Ministros ambos
Imortais, até o Trono conduzidos
Da sombra dos Altares; da fortuna
Filhos, e da política; são eles
Os que ao poder despótico marchando
Irão a grandes passos; será grande
Richelieu, e sublime, ao mesmo tempo
Inimigo implacável: reto, e brando
Mazarin, mas amigo perigoso;
Um com arte fugindo,[106] cede ao forte
Da tormenta; outro às ondas irritadas

---

[106] *O Cardeal Mazarin foi obrigado a sair do Reino, em 1651, contra a vontade da Rainha Regente, a quem ele governava; mas o Cardeal Richelieu se conservou sempre, apesar dos seus inimigos, e do mesmo Rei, que estava dele desgostoso.*

Opõem todas as forças; inimigos
Declarados dos Príncipes famosos
Do meu sangue, do Povo aborrecidos;
E admirados; enfim, pela violência,
E pela indústria aos Reis seus Amos úteis,
Quando à Pátria cruéis. Ó tu, que és menos
Poderoso do que eles, menos vasto
Nos teus desígnios; tu, que no segundo
Lugar és o primeiro entre os humanos;
Colbert,[107] sobre teus passos a ditosa
Abundância, dos teus trabalhos filha,
Toda a França enriquece; tu, de um Povo;
Ardente em te ultrajar, benfeitor sempre,
Com fazê-lo feliz é que te vingas;
Semelhame ao Herói, ao confidente
De Deus, o qual a preço das blasfêmias,
Nutriu sempre os Hebreus, inda que ingratos.

Que pomposo montão de escravos vejo
De joelhos aos pés de um Rei,[108] que a todos
Faz tremer! Que respeitos! Que honras! Nunca
Rei algum costumou jamais na França
A tão grande obediência os seus vassalos;
Eu o vejo animado pela glória,
Como vós, e melhor obedecido,
Mais temido, e talvez menos amado;
Eu o vejo provando mui diversas
Fortunas, nas empresas sempre forte,
Constante nas desgraças, desprezando
Tanto esforço violento, com que o investem
Vinte Povos ligados; admirável
Na sua vida, mas maior na morte;
Século de Luiz afortunado!
Século que promete a natureza
Encher dos dons melhores sem medida;

---

[107] *O Povo, esse monstro feroz e cego, detestava o grande Colbert até o ponto de querer desenterrar o seu corpo; porém a voz das gentes cordatas, que prevê ao longe, tem feito a sua memória para sempre amável, e cheia de respeito.*
[108] *Luiz XIV.*

És tu, que as boas artes pela França
Vais levar: tudo vai daqui em diante
Sobre ti dirigir as suas vistas;
As Musas para sempre o seu império
Ali firmam; então se anima a teia,
E o mármore respira. Oh quantos sábios
Eu vejo, que ali juntos[109] nos excelsos
Lugares o Universo estão medindo,
E lendo pelos Céus! Na escura noite
Levam a luz, e então da natureza
Penetram todo o fundo; à vista deles
O erro presumido se desterra,
A dúvida os conduz para a verdade;
E tu, filha do Céu, tu, poderosa
Harmonia, das artes a admirável,
Que a Grécia, e Itália ilustras, teu estilo
Encantador eu ouço em toda a parte,
E os teus sons soberanos, que dominam
O coração, e ouvido. Vós Franceses,
Quando venceis, cantais vossas conquistas;
Jamais haverá louros que não cubram
Vossas cabeças; sim, eu nestes climas
Vejo um Povo de Heróis, que vai nascendo;
Eu vejo os Bourbons todos, que se apressam
Aos combates; por entre horrendos fogos
Vejo vir a Condé,[110] Condé valente
Já o terror, já o apoio de seu Amo.
Turenne de Condé rival augusto,
Menos brilhante sim, porém mais sábio;
E ao menos seu igual. Por uma rara

---

[109] *A Academia das Ciências, cujas memórias são estimadas de toda a Europa.*

[110] *Luiz de Bourbon, chamado comumente o grande Condé, e Henrique, Visconde de Turenne, são respeitados como os maiores Capitães do seu tempo. Ambos ganharam grandes vitórias, e adquiriram glória ainda mesmo nas suas derrotas. O gênio do Príncipe de Condé parecia, segundo se tem dito, mais próprio para um dia de batalha, e o de Monsieur de Turenne para toda uma campanha.*

União Catinat[111] junta os talentos
De guerreiro às virtudes de prudente.
Este que assim sustenta os nossos muros
Com seu braço é Vauban;[112] é das virtudes
E das artes o amigo. Esse invencível
Na guerra, se na Corte desgraçado,
É Luxembourg,[113] que faz tremer o Império,
E à Inglaterra dá susto. Em Denain vede
O atrevido Villars,[114] que assim às Águias
Dos Césares disputa o trovão forte,
Árbitro enfim da paz, que segue logo
À vitória, do Rei digna coluna,
Digno rival de Eugênio. Que mancebo[115]
Príncipe é este, em quem a Majestade
Sobre seu rosto amável resplandece
Sem fereza? De um olho de indiferença
Ele respeita o Trono. Ó Céus! Que noite
Repentina a meus olhos pois o cerca;
A morte em torno dele sem demora
Voa, e corre; ele cai aos pés do Trono
Já próximo a ocupá-lo. Vós, meu filho,
Estais vendo o mais justo dos Franceses,
Que os Céus do vosso sangue majestoso

---

[111] *O Marechal de Catinat ganhou as batalhas de Stafard e de Marseille, e obedeceu depois como subalterno ao Marechal de Villeroi, que lhe enviava as ordens sem o consultar. Deixou voluntariamente o comando, não se queixou nunca de ninguém, nem pediu nada ao Rei, morrendo como filósofo em uma pequena casa de campo.*
[112] *O Marechal de Vauban foi o maior Engenheiro que tem havido; fortificou, segundo o seu método, 300 Praças antigas; edificou 33 de novo; conduziu 53 sítios; e achou-se em 140 ações. Era sócio da Academia das Ciências, e a honrou mais que nenhum outro, fazendo servir as Matemáticas na vantagem da sua Pátria.*
[113] *Francisco Henrique de Montmorency, que tomou o nome de Luxembourg, Marechal de França, Duque, e Par; ganhou a batalha de Cassel debaixo das ordens de Monsieur, irmão de Luiz XIV, e alcançou como Chefe as famosas vitórias de Mons, de Fleurus, de Steinkerke, e de Nerwinde. Conquistou Províncias ao Rei e, sendo preso na Bastilha, recebeu mil desgostos dos Ministros.*
[114] *O Marechal Duque de Villars ganhou a batalha de Fredlingue, e a do primeiro Hoctehs, depois deu a famosa de Malplaquet, na qual morreram vinte mil inimigos, e só se perdeu depois do Marechal ser ferido. Em 1712 derrotou em Denain ao Príncipe Eugênio.*
[115] *O Duque de Borgonha falecido.*

Formaram. Grande Deus, Vós aos humanos
Só dais a ver a flor tão passageira,
Obra das Vossas mãos! Que não empreende
Ah! esta alma virtuosa? A França toda
Ó quanto feliz é em seu reinado!
Ele entretém a paz, nutre a abundância,
Seus dias conta pelos benefícios,
Ama o seu Povo enfim. Ó dias cheios
De susto, e de temor! Que triste pranto
Os Franceses inunda, quando admiram,
Debaixo de uma mesma campa juntos,
O consorte, e a mulher, a Mãe, e o filho!

Um fraco ramo[116] sai dentre as ruínas
Desta árvore fecunda dissipada
Pelas suas raízes; ao sepulcro
Os filhos de Luiz descidos deixam
À França um só Monarca ainda no berço,
Frágil, doce esperança de um Estado
Vacilante. Mas tu, Fleury prudente,
Vigiarás a sua tenra infância,
Serves de guia aos seus primeiros passos,
Cultivas à tua vista do mais puro
Do meu sangue o depósito precioso:
Soberano que ele é, a conhecer-se
Tu lhe ensinas; que saiba como é homem
Em se vendo que é Rei, que sendo amado
De seus súditos, seja aos olhos deles
Também caro; que aprenda que é nascido,
E que é Rei só para eles; torna, ó França,
Torna à tua primeira Majestade
Com um tal Rei; destrói a triste noite
Que a tua luz cobria; as artes prontas
A fugirem te vêm coroar de novo
Com suas úteis mãos, já se pergunta
Nas profundas cavernas o Oceano,
Que é dos teus pavilhões, que tremulavam
Sobre as ondas? Do Nilo, sim, do Euxino,
Da Índia, e dos seus portos o comércio

---

[116] *Este Poema foi composto na menoridade de Luiz* XV.

Te chama, e te descobre os seus tesouros;
Mantém a paz, e a ordem, sem que busques
As vitórias; com tanto que te faças
Árbitra das Nações, é mui bastante,
Ó França, à tua glória; o seres delas
Terror, e espanto, muito te há custado.

Junto a este Rei moço já se avança
Com esplendor o Herói,[117] que assim de longe
A calúnia persegue; não é fraco,
Fácil, ardente sim, cheio de gênio,
Muito dado aos prazeres, muito amigo
De novidades, ele revolvendo
O Universo do seio dos deleites,
Por artífices novos, com bem destra
Política suspensa tem a Europa,
Dividida, e tranqüila; esclarecidas
As artes são por sua vigilância;
Nascido para todos os empregos,
Tem todos os talentos, os de um Chefe,
De um soldado, de um cidadão perfeito,
E de um Rei majestoso; ele, meu filho,
Não é Rei, mas ensina a sê-lo a todos:
Em uma tempestade então no meio
Dos relâmpagos vê-se ao ar erguido
O estandarte da França; diante dele
De espanhóis uma tropa belicosa
Das Águias dos Germanos destroçava
A soberba cabeça. Ó Pai! Que novo
Espetáculo é este? Tudo muda
(Diz Luiz), tudo tem seu fim na terra;
Adoremos do Altíssimo a escondida
Ciência: do poderoso Carlos v
A raça se encurtou; a Espanha agora
Nos vem pedir os Reis: é um dos nossos
Sobrinhos que lhes vai dar leis. Filipe...
A este objeto Henrique fica preso
Na doce suspensão, e nos transportes
Da alegria; modera (Luiz prossegue)

---

[117] *Verdadeiro retrato de Filipe, Duque d'Orléans, regente do Reino.*

Ó filho, esse primeiro movimento,
Grandes sucessos deves temer inda;
Do seio de Paris hoje recebe
Madri um Rei, talvez que perigosa
Esta honra a ambos seja. Ó Reis, que vindes
Do meu sangue! Ó Filipes! Ó meus filhos!
França, Espanha, ó pudesse para sempre
Ver-vos eu congraçadas! Até quando[118]
Infelizes políticos os fachos
Acendereis das públicas discórdias?

Assim falou: Henrique de improviso
Não viu mais do que um vão ajuntamento
De mil coisas confusas; eis as portas
Do Templo dos Destinos se fecharam,
E dos Céus as abóbadas luzentes
Da sua vista logo se esconderam.

Com a face vermelha a Aurora entanto
O Palácio do Sol no Oriente abria;
A noite a outros lugares os escuros
Véus levava; indo já de volta, os sonhos
Fugiam com as sombras. Despertando
O Herói, entra a sentir dentro em seu peito
Estranha, e nova força, ardor Divino:
Susto, respeito o seu olhar inspira;
Deus a seu rosto enchera de uma santa
Majestade; bem como lá no Monte
Sinai se viu que o vingador dos Povos
De Israel, tendo o Eterno consultado,
A seus pés os Hebreus depois por terra
Caídos, não puderam de seus olhos
Suportar a brilhante claridade.

---

[118] *No tempo em que isto se escreveu, o ramo de França e o de Espanha estavam desunidos.*

CANTO VIII

•

ARGUMENTO

O Conde de Egmont vem da parte do Rei de Espanha socorrer a Mayenne e aos da Liga. Batalha de Ivry, na qual Mayenne foi destroçado, e Egmont morto. Valor e clemência de Henrique o Grande.

•

A Confusa Assembléia dos Estados
Em Paris tinha já perdido o orgulho
De que ela blasonava; só ao nome
De Henrique amedrontados os da Liga
Parecia esquecerem-se do intento
De fazerem um Rei; ninguém podia
Deter-lhes o furor, ainda que incerto,
E nunca se atrevendo a dar a Coroa,
Nem tirá-la a Mayenne, por Decretos
Vergonhosos, e vis, lhe confirmaram
Cargo, e poder, que a si ele arrogara.

Este lugar Tenente sem ter Chefe,[119]
Sem diadema este Rei tem um partido,
Que o poder lhe confere assaz supremo:
Eis de um Povo obediente já se aclama
Defensor, e esse mesmo Povo jura
Por ele combater, morrer por ele.
De uma nova esperança lisonjeado
Chama a Conselho os Chefes orgulhosos,
Vingadores que são da sua causa,

---

[119] *Ele se fez declarar pelo Parlamento, que lhe era afeiçoado, lugar Tenente General do Estado, e Rei de França.*

Os Lorenas,[120] Nemours,[121] Canillac, Châtre,[122]
Brissac,[123] Saint-Paul,[124] e o inconstante Joyeuse;[125]
Eles vêm: a fereza, o orgulho, a ira,
A desesperação em seus semblantes
Se deixaram pintar. Alguns tremendo,
Seus passos parecia que levavam
Enfraquecidos pelo muito sangue
No estrago dos combates derramado:
Mas esse mesmo sangue, esses combates,
Suas feridas, são os que os excitam
A vingarem também suas injúrias:
Todos se vêm dispor junto a Mayenne,
Com o ferro na mão todos lhe juram
Vingança. Tal se viu no alto do Olimpo,
Nos campos da Tessália a tropa ímpia
Desses filhos da Terra amontoando
Rochedos, e com loucas esperanças
Pretender insensata com ameaços
Subir aos Céus, a destronar os Deuses.

Uma nuvem rompendo de improviso
A Discórdia, em um carro luminoso
Se lhe apresenta: "Ânimo Franceses
(Lhes diz ela) o socorro é já chegado;
Cidadãos é agora que é preciso
Ou vencer, ou morrer." Então d'Aumale
É o primeiro que a tal notícia se ergue;
Ele corre, e divisa ao longe virem
As lanças espanholas; ele grita:
"Eis aqui o socorro há tanto tempo
Por nós pedido, e sempre demorado.

---

[120] *O Cavalheiro d'Aumale, em que já se falou, e seu irmão o Duque eram da casa de Lorena.*
[121] *Charles Emmanuel, Duque de Nemours, irmão uterino do Duque de Mayenne.*
[122] *Châtre era um dos Marechais da Liga.*
[123] *Brissac tinha abraçado o Partido da Liga estimulado de Henrique III haver dito que ele não era bom nem para a terra, nem para o mar.*
[124] *Saint-Paul, soldado de fortuna feito Marechal pelo Duque de Mayenne.*
[125] *Joyeuse é o mesmo de quem se falou no Canto IV.*

Amigos, a Áustria enfim há socorrido
A França." Assim falou: eis já Mayenne
Se avança às portas; o socorro nobre
Aparecia então nesses lugares
Respeitosos, que aos túmulos egrégios
Dos nossos Reis a morte há consagrado;
Das armas cintilantes o conjunto
Formidável, o ferro reluzente,
O ouro, a prata, as lanças que brilhavam;
Os Cascos, os Arneses, e o pomposo
Aparato nos campos desafiam
Do Sol os mesmos raios: corre em chusma
O Povo todo alegre a recebê-lo;
Dão mil vivas ao Chefe portentoso,
Que Madri lhes envia: era este o bravo
Mancebo Egmont,[126] guerreiro que foi sempre
Obstinado, ambicioso, e injusto filho
De um desgraçado Pai; nos altos muros
De Bruxelas a vida há recebido;
Seu Pai, a quem cegou o amor da Pátria;
Morreu confiante sobre o cadafalso,
Por querer defender vossos direitos,
Infelizes Flamengos, oprimidos
Dos vossos Reis; o filho vós o vistes
Um frouxo cortesão, um temerário
Guerreiro a mão beijar por muito tempo,
A mão que perecer seu Pai fizera;
Do seu País aos danos há servido,
Perseguiu a Bruxelas, e em socorro
Hoje vem de Paris. Filipe o envia
Como um Deus tutelar; ele, e Mayenne
Creram levar de volta às tendas régias
De Henrique o assombro, as iras, e a carnagem.
O temerário orgulho acompanhava
Seus passos. Grande Rei, com que alegria
Não apressavas tu o doce instante

---

[126] *O Conde de Egmont, filho do Almirante de Egmont, que foi degolado em Bruxelas com o Príncipe de Horn. O filho havendo ficado no Partido de Filipe II, Rei de Espanha, foi enviado em socorro do Duque de Mayenne na testa de 1800 homens.*

De um combate, onde todos os destinos
Do triste Estado unidos já se viam!
Junto às margens do Iton,[127] e das ribeiras
Do Euro, um campo há feliz, que fora sempre
O amor da natureza: a guerra havia
Reverenciado há tempos os tesouros,
Com que estas margens belas adornavam
Os Zéfiros, e Flora: ali os Pastores
Os seus dias passavam bem tranqüilos,
No meio dos horrores das discórdias;
Pelo Céu protegidos, satisfeitos
De serem pobres, eles pareciam
Desprezar dos soldados a cobiça;
Debaixo das cabanas defendidos
Dos sustos, não ouviam dos tambores,
Nem das armas o ruído. A estes lugares
Chegam pois os dois Campos inimigos;
Marcha a desolação diante deles
Por toda a parte: as águas do Iton e do Euro
Se espantaram; nos bosques já se oculta
Cheia de horror a tropa dos Pastores
Juntamente co'as tristes companheiras,
Em seus braços os filhos soluçando.

Aflitos habitantes destas margens
Cheias de espanto, ao vosso Rei ao menos
Essas, que assim verteis lágrimas tristes
Não queirais imputar; ele se busca
Os combates, a paz busca somente;
Povos, a sua mão mil benefícios
Há de em vós derramar; os vossos males
Finalizar pretende; ele vos ama,
De vós se compadece, neste dia
Espantoso peleja por vós mesmos.

Sabe Henrique prezar quaisquer instantes;
A toda a parte corre sobre um bruto

---

[127] *Em uma planície entre o Iton e o Euro foi que se deu a batalha de Ivry, em 14 de março de 1590.*

Fogoso, mais ligeiro do que os ventos,
Que soberbo do peso que em si leva,
Ferindo com as mãos a terra, e o campo,
Desafia os perigos, chama a guerra.
Viam-se junto dele os valorosos
Companheiros, que são da sua glória
Cingidos de seus louros; d'Aumont[128] forte,
Que debaixo do mando militado
Tinha de cinco Reis; Biron,[129] Grão-mestre,
Cujo nome bastava a dar espanto;
Carlos,[130] seu filho, moço ardente ainda,
Impetuoso que foi depois... mas ele
Tinha então mais virtude. Ali se achavam
Sully,[131] Nangis,[132] Grillon,[133] todos do crime
Inimigos, a quem detesta a Liga,
Quando mesmo os estima. O valoroso
Turenne,[134] que depois do Grão-ducado
De Bouillon mereceu ter o domínio
Em Sedan; infeliz domínio, logo

---

[128] *Jean d'Aumont, Marechal de França, que obrou maravilhas na batalha de Ivry, era filho de Pierre d'Aumont, Gentil-homem da Câmara, e de Françoise de Sully, herdeira desta antiga Casa. Ele serviu os Reis Henrique II, Francisco II, Carlos IX, Henrique III e IV.*

[129] *Henri de Gontaud de Biron, Marechal de França, Grão-mestre da Artilharia, era um grande homem de guerra. Comandava em Ivry o corpo da reserva, e concorreu para o vencimento da batalha acometendo com resolução ao inimigo. Ele disse a Henrique o Grande, depois da vitória: "Senhor, vós fizestes o que devia fazer Biron, e Biron, o que devia fazer o Rei." Morreu de um tiro de canhão no sítio de Epernay em 1592.*

[130] *Charles Gontaud de Biron, Marechal, Duque, e Par, filho do precedente, conspirou depois contra Henrique IV e foi degolado na Bastilha em 1602.*

[131] *Rony, depois Duque de Sully, Superintendente das Finanças, Grão-mestre de Artilharia, feito Marechal de França, depois da morte de Henrique IV, recebeu sete feridas na batalha de Ivry.*

[132] *Nangis, homem de um grande merecimento, e de uma verdadeira virtude, aconselhou a Henrique III de não fazer assassinar o Duque de Guise, mas de ter o valor de o julgar segundo as leis.*

[133] *Grillon, chamado o Bravo, ofereceu-se a Henrique III de combater contra o Duque de Guise.*

[134] *Henri, Visconde de Turenne, casou com a Princesa de Sedan, mas seu filho Frédéric, Duque de Bouillon, havendo entrado na conjuração contra Luiz XIII, ou melhor, contra o Cardeal Richelieu, para haver de salvar a vida largou a Sedan.*

Que criado, destruído por Armando.
Essex com esplendor no meio deles
Se deixa ver, tal como nas florestas
A ondulante Palmeira aos nossos Olmos
Mais frondosos unindo a sua altura,
Mostra ensoberbecer-se, só pela hástea
Estranha, com que se ergue: cintilava
O seu Casco c'os fogos mais luzentes,
Onde o ouro, e os diamantes à porfia
Se expunham, caros dons, prendas preciosas,
Com que a sua Rainha havia honrado
Seu valor, ou talvez sua ternura.
Vós, ambicioso Essex, ao mesmo tempo
Sois da vossa Rainha o amor mais grato,
E a coluna dos Reis. Mais longe distam
Clermont,[135] Trémouille,[136] e o infeliz de Nesle,
Feuquières, e o ditoso Lesdiguières;[137]
D'Ailly, aquele a quem foi este dia
Dia funesto. Todos estes fortes
Heróis juntos aguardam tão-somente
Que o sinal se lhes dê; do Rei ao lado,
Lêem no seu rosto de um triunfo certo
A esperança, e o presságio venturoso.

Mayenne entanto inquieto, consternado,
Dentro em seu coração, cheio de sustos,
Busca em vão a virtude; seja que ele
A injustiça prevê do seu Partido,
E não crê que propício o Céu se mostre
Às suas armas; seja com efeito
Que em sua alma os pressentimentos tope
Precursores dos grandes infortúnios:
Como Herói quis porém Senhor fazer-se
Desta sua fraqueza; disfarçava

---

[135] *Balsac de Clermont morreu na batalha de Ivry.*
[136] *Claude, Duque de la Trémouille, achou-se na batalha de Ivry. Feuquière e de Nesle, Capitães de cinqüenta homens, aí foram mortos também.*
[137] *Nunca homem algum mereceu melhor o título de feliz que Lesdiguières, pois começando por simples soldado chegou a Condestável no reinado de Luiz XIII.*

A sua turbação debaixo de uma
Alegria aparente: ele se excita,
Ele se apressa, e inspira nos seus guerreiros
A esperança, de que ele mesmo é falto.

Junto a ele d'Egmont cheio da altiva
Confiança, que em um juvenil peito
Faz nascer a imprudência, já impaciente
De exercitar o seu valor egrégio,
A demora acusava de Mayenne
Irresoluto. Tal o bom Ginete,
Do centro de um vergel delicioso,
Nos campos lá da Trácia apenas ouve
Soar o clarim forte, que lhe excita
O valor, quando logo inquieto, indócil,
De um belicoso fogo todo cheio,
Da soberba cabeça erguendo as crinas
Movediças, saltando sobre a erva,
Parte impaciente, e pelo freio voa;
Tal parecia Egmont: um furor nobre
Arde em seu peito, e brilha nos seus olhos;
Com a glória, que já supõe vir perto,
Se entretém; ele crê que o seu destino
Lhe comanda a vitória. Ah! que ele ignora
Que o seu fatal orgulho lhe prepara
Nas planícies de Ivry a sepultura.

Para os da Liga enfim o grande Henrique
Se avança, aos seus dizendo (que inflamados
São da sua presença): "Vós nascestes
Franceses, vosso Rei eu sou, são estes
Os vossos inimigos, marchai, vinde,
E segui-me, sem que ainda no mais forte
Da tormenta percais jamais de vista
O brilhante penacho, que flutua
Sobre a minha cabeça; vós, amigos,
Pela estrada da honra o vereis sempre."
Isto o Rei pronunciando, qual se fosse
Já vencedor, de um novo ardor as tropas
Ele vê inflamadas; e invocando
O Senhor dos Exércitos, já marcha.

Sobre os passos ligeiros dos dois Chefes
Ao mesmo tempo então dos dois Partidos
Voam os combatentes. Assim como
Quando dos montes, pelo grande Alcides
Separados, os Aquilões fogosos
Saem de um vôo rápido, e movidas
Subitamente as ondas dos dois mares
Profundos, até os ares se levantam
Com um choque impetuoso. A terra ao longe
Entra em gemidos, foge a luz do dia,
O Céu troveja, e o Africano em sustos
Do mundo teme a próxima ruína.

Reunido ao mosquete o sanguinoso
Estoque leva a morte já dobrada
De ambas as partes. Foi antigamente
Que o demônio da guerra há inventado
Em Bayonne, por despovoar a terra,
Esta arma cruel; ajunta ao mesmo tempo
Quanto o Inferno em si tem de mais terrível,
O fogo, e o ferro, dele digno fruto.

Batalham-se, combatem; o artifício,
O valor, os clamores, o tumulto,
O pejo de ceder, a cega ira,
O medo, a ardente sede só de sangue,
A desesperação, enfim a morte
De fileira em fileira vão passando.
No Partido contrário um o parente
Persegue: ali o irmão, fugindo, morre
Às mãos do irmão. Tremeu a natureza,
E a espantosa ribeira se inundava
Bem à custa do sangue desgraçado.

Por multidões de lanças aguçadas,
De batalhões de sangue todos tintos,
De tropas arruinadas rompe Henrique,
Se arremessa, se avança, e faz caminho.
Segue-o o grande Mornay sempre pacato,
Sereno sempre; junto ao Rei vigia,
Qual poderoso Gênio, assim nos campos

De Frígia se fingiam noutro tempo
Os motores perpétuos lá dos Astros,
E da Terra, envolvidos nos combates
Debaixo dos vestidos dos guerreiros;
Os quais esses Ministros espantosos
Do verdadeiro Deus, as Potestades
Dos Céus, os Entes mesmos impassíveis,
Cercados dos relâmpagos, dos raios,
E dos ventos, com um semblante sempre
Inalterável, movem o Universo;
De Henrique ele recebe todas essas
Rápidas ordens, da alma movimentos
Intrépidos, que mudam o combate,
E fixam o destino: de improviso,
Aos Chefes das legiões ele as transporta,
O Oficial as recebe. As impacientes
Tropas, ao som da sua voz regulam
Obedientes as iras; se dividem,
Se reúnem, e em diversos corpos marcham;
Um espírito só preside a tantas
Máquinas, e tão vastas. Mornay torna
Ao Príncipe, ele o escolta, ele o acompanha;
Com a voz lhe desvia muitos golpes,
Que lhe eram dirigidos; mas às suas
Mãos Estóicas jamais permitir pode
Que se manchem do sangue dos humanos
Infelizes; sua alma é ocupada
Do seu Príncipe só, por defendê-lo
Unicamente a espada ele há tirado,
E aos combates o seu valor adverso
Sabe afrontar a morte, e não quer dá-la.

De Turenne o valor insuportável
Punha já de Nemours a tropa em fuga,
E aterrada, D'Ailly por toda a parte
Leva a morte, e o temor; d'Ailly, que conta
Trinta anos de combates, que de novo,
Nos horrores da sanguinosa guerra
Torna, apesar da idade, a ter esforços.
A seus golpes fatais um só guerreiro
Se opõe: um juvenil Herói valente,

Que na flor de seus anos nesta ilustre
Mortífera jornada deu princípio
À carreira fatal de seus combates.

De Himeneu ainda terno ele provava,
Apenas os encantos; e assistido
Dos amores, saía dos seus braços:
Corrido de não ter também mais fama
Que a de suas carícias, desejoso
De glória, ele aos perigos já se entrega.
A sua cara esposa neste dia
Acusa o Céu, a Liga detestando,
E o combate mortal; ela mesma arma
O delicado amante, e tristemente
Com a trêmula mão ela lhe prende
A pesada couraça; envolta em pranto,
Com um casco precioso enfim lhe cobre
O lindo rosto, amável a seus olhos.

No seu furor guerreiro a d'Ailly parte
Por entre os turbilhões de pó, de fogo,
Pelo meio dos corpos já sem vida,
De outros feridos inda agonizando:
Os fogosos ginetes de ambos ficam
Logo ali transpassados; ambos eles
Sobre a relva abatida, e ensangüentada,
Longe dos esquadrões, já se acometem
Com ímpeto seguro; o sangue os tinge,
Cobre-os o ferro, e as lanças na mão tendo;
De um formidável choque de improviso
Eles se batem; ressoou a terra,
As lanças se quebraram; assim como
Em um Céu abrasado, duas nuvens
Funestas, que o trovão trazendo, e a morte
Em seus seios, se encontram lá nos ares,
E voam sobre os ventos; da união feia
Os relâmpagos saltam, ali formam
Os raios, que os mortais tanto estremecem.

Por um súbito esforço intentam logo
Estes dois infelizes outra morte;

Já brilha em suas mãos o duro alfanje:
A Discórdia ali corre incontinênti;
O demônio da guerra, a sanguinosa
Pálida morte estavam a seus lados:
Suspendei infelizes esses vossos
Precipitados golpes! Um destino
Porém fatal seus ânimos inflama:
No coração um do outro dar passagem
Aos estoques procuram, sim, naquele
Coração inimigo, que lhes era
Desconhecido: o ferro, que os cobria,
Fuzilando se vai fazendo em lascas,
As couraças, aos golpes espantosos,
Cintilam, salta o sangue, que lhes tinge
As mãos tiranas: os escudos fortes,
E os cascos, a violência moderando,
Alguns golpes desviam, e repulsam
Um pouco a morte; confundidos ambos
De tanta resistência, respeitava
Cada um o seu rival, e a valentia
Do seu contrário; enfim d'Ailly o velho,
De um golpe desgraçado, a seus pés lança
O excelente guerreiro; este seus olhos
Fecha à luz para sempre; junto a ele
Vai rolando o seu casco sobre a terra;
D'Ailly vê o seu rosto; Ó grito! Ó pasmo!
Ó desesperação! Que terno o abraça!
Ah que ele era o seu filho! Ele o conhece.
O desditoso Pai tendo banhados
Em lágrimas os olhos, dirigia
Contra seu peito as parricidas armas;
Suspende-se porém, opõem-se ao justo
Furor seu, e tremendo, parte, e deixa
Um lugar, que de horrores só lhe serve;
Detesta para sempre a sua iníqua
Vitória, renuncia a Corte, os homens,
A sua mesma glória; e então fugindo
Ao centro dos desertos, sua pena
Nos confins do Universo esconder busca.
Ali, seja que o Sol a luz ao mundo
Restitua, ou seu curso a acabar chegue

HENRIADA

Lá no seio das ondas, ele aos ecos
Enternecidos repetir fazia
O nome, o triste nome de seu filho,
Desgraçado. Do Herói, que já não vive,
A juvenil esposa, a fiel amante,
Pelo terror levada, incerta, e toda
Tremendo, vem com passos pouco firmes
Sobre as margens funestas; ela busca,
Vê, reflete na multidão de mortos,
Encontra o seu esposo, e de improviso
Desfalecida cai; o véu da morte
Em seu rosto se estende. És tu, ó caro!...
Estas vozes assim interrompidas,
Estes gritos então meio formados
Não são ouvidos; ela lhe abre os olhos,
Com os últimos ósculos lhe aperta
A boca desmaiada, aquela boca
Que inda adora; nos braços toma o corpo
Pálido, e ensangüentado, olha para ele,
Suspira enfim, e abraçando-o, morre.

Pai, esposo infeliz, triste família,
Do furor destes tempos lamentável
Exemplo; possa pois deste sucesso
A terrível memória excitar sempre
Piedade em nossos últimos sobrinhos,
Arrancar de seus olhos proveitosas
Lágrimas, e que nunca eles imitem
De seus Pais os mortíferos delitos.

Porém quem faz fugir assim dispersos
Os da Liga? Que Herói, ou que Deus forte
A todos há destruído? É Biron, esse
Mancebo, cujo esforço havia feito
Por entre batalhões feliz passagem.
D'Aumale os vê fugir, e ardendo em ira:
"Detende-vos, voltai... onde assim fracos
Correis? E vós, fugis? Vós companheiros
De Mayenne, e de Guise? Vós, que tendes
O dever de vingar Paris, e Roma,
De defender a Igreja? Não, segui-me,

VOLTAIRE

Vossa antiga virtude a vós se torne;
Se combateis à sombra de d'Aumale,
Vencereis certamente." Socorrido
De Beauveau, de Fosseuse sem demora,
E do feroz Saint-Paul, e inda de Joyeuse,
Juntam de novo as tropas divididas,
Que ele marchando anima, só com verem
Do seu rosto o esplendor: eis a Fortuna
Torna a chegar com mais ligeiros passos.
Com um valor intrépido sustenta;
Em vão Biron o curso arrebatado
Da fogosa torrente; ele expirando
Vê junto a si Feuquière; Parabère
Na multidão de mortos vê caindo,
Nesle, Clermont, d'Angenne, todos estes
Têm já mordido a terra; Biron mesmo;
Ferido a tantos golpes, está quase
Rendendo a vida. Assim, Herói valente,
Devias acabar, porque uma morte
Gloriosa, uma desgraça, que é tão bela,
É da tua virtude o que fazia,
A memória imortal, teu nome eterno!

O generoso Henrique soube logo
O risco em que Biron, por muito ardente,
Empenhado se via; ele ama-o muito
Não como Rei, nem qual senhor severo,
Que sofre que se aspire à honra suma
De lhe agradar, de quem o orgulho forte,
E o coração soberbo crê que o sangue
De um vassalo lhe fica mais que pago
Com uma vista de olhos bem ligeira.
Henrique da amizade sente os nobres
Ardores; amizade, dom sublime
Do Céu, doce prazer das almas grandes;
Amizade, que os Reis, esses ilustres
Ingratos, porque nunca a conheceram,
São assaz desgraçados! Enfim parte
Bourbon a socorrê-lo; o nobre fogo,
Que o excita, lhe faz mais forte o braço,

E mais rápido o vôo; o bom guerreiro,[138]
Já das sombras da morte então cercado,
Eis que vê o seu Rei, o último esforço
Empenha, à sua voz ele renova
Da vida os restos. De Bourbon aos golpes
Recuam todos, todos se retiram.
Biron guapo! O teu Rei desses soldados
Te arranca, cujos golpes repetidos
A morte te apressavam; pois tu vives,
Em lhes seres fiel te empenha ao menos!

Um ruído espantoso então se escuta.
A Discórdia cruel contra as virtudes
Do Herói reverberando os seus furores,
Nova cólera acende nos da Liga:
À frente deles voa de improviso,
E o seu sopro fatal faz com que ao longe
Soe a infernal trombeta; então d'Aumale
Pelo som, que era dele conhecido,
Se excita, tão ligeiro como a flecha
Aos ares despedida: o Herói somente
Ele busca, sobre ele só se lança,
Logo em tumulto acode toda a turba:
Tais no centro dos bosques, na carreira
Precipitados, esses atrevidos
Animais, aos combates só criados,
Feros escravos do homem, à carnagem
Nascidos, cheios de uma raiva intensa
Ao javali se lançam, ignorantes
Do perigo fatal, cegos, violentos,
Rouca buzina ao longe seus instintos
Belicosos excita, com que os montes
E os côncavos rochedos retumbaram;
Assim contra Bourbon mil inimigos
Se ajuntam, ele só se opõe a todos
Sem amparo da sorte, consternado

---

[138] *O Duque de Biron ficou ferido em Ivry, mas foi no combate de Fontaine Française que Henrique o Grande lhe salvou a vida. Refere-se este acontecimento na batalha de Ivry, pois não sendo um fato principal, admitia o ser transposto.*

Pelo número, à vista já da morte:
Luiz do alto dos Céus, neste perigo,
Ao Herói, a quem ama, uma invencível,
Força lhe dá; Bourbon é como a rocha,
Que os ares ameaçando, rompe a fúria,
Dos ventos, quebra os ímpetos dos mares:
E quem pode explicar o sangue, a imensa
Carnagem, de que o Euro viu cobertas
Neste momento as suas grandes margens?
Vós, Manes sanguinosos do mais forte,
E animoso dos Reis, dai luz sublime
Ao espírito meu, e pela minha
Voz falai, Bourbon vê, que já voando
A nobreza fiel vem defendê-lo,
Ela pelo seu Rei vem dar a vida,
E peleja também seu Rei por ela;
Diante de si leva o susto; a morte
Os seus golpes seguia quando à sua
Cólera Egmont fogoso se apresenta.

Muito tempo enganado este estrangeiro
Do seu valor, havia procurado
O Rei na maior força do conflito;
Não fora conduzido à sepultura,
A não ser temerário; só a honra
Do combate excitava o seu orgulho:
"Vem pois Bourbon, (dizia) a tua glória
Vem aumentar; é bem que pelejemos,
Que o fixar a vitória a nós pertence."
Dizendo estas palavras, um brilhante
Relâmpago, funesto mensageiro
Dos destinos, do ar abre as campanhas;
O árbitro dos combates, de Improviso,
Faz soar seu trovão, sente o soldado
Debaixo de seus pés tremer a terra:
D'Egmont supõe que os Céus lhe dão amparo,
Que vão a defender a sua causa,
Que combatem por ele; crê que toda
A natureza atenta à sua glória
Pela voz do trovão lhe anunciava
O triunfo; ao Herói enfim se chega,

Fere-o no peito, e já de haver vertido
O real sangue, se aclama vitorioso.
O Rei, sem que se turbe, vê o sucesso;
Tanto como o perigo assim se dobra
Seu esforço; ele então se felicita
De no campo da honra haver um dia
Encontrado inimigos assaz dignos
Do seu valor; em vez de retardá-lo,
O estimula a ferida; já sobre este
Fero inimigo o Herói se precipita;
De um golpe mais seguro é de repente
D'Egmont lançado em terra; o cintilante
Ferro lhe passa o peito: eis os cavalos
Debaixo de seus pés tintos de sangue
O atropelam; da morte as tristes sombras
Envolveram seus olhos; a sua alma
Em cólera passou a unir-se aos mortos,
Onde do Pai o aspecto justamente
Lhe excitou os remorsos. Vós, ufanos
Espanhóis até aqui tropa soberba,
Com a morte d'Egmont vossa virtude
Guerreira se aniquila, ao menos hoje
Não negareis, que o medo conhecestes!

O espanto, o horror, o espírito terrível
De turbação se ampara neste instante
Das tropas assustadas; passa logo
Aos mesmos esquadrões, e enfim se estende
Ao exército: os Chefes assombrados,
Os soldados perdidos; um não pode
Mandar, outro também não obedece;
As bandeiras por terra, uns se confundem,
Correm outros, dão gritos espantosos,
Atropelam-se, fogem: voluntários
Se rendem uns, os joelhos outros dobram
Ao vencedor, seus ferros já lhe pedem:
Alguns com passos rápidos, querendo
Evitar a ruína, as ribanceiras
Buscam do Euro, e na fuga arrebatados,
No profundo das águas se despenham;
Correm à morte enfim, que eles pretendem

Evitar; os cadáveres às ondas
O curso impedem; volta, e retrocede
O rio ensangüentado à sua origem.

Não é capaz Mayenne em tal desordem
De haver temor; aflito, mas tranqüilo,
Senhor inda de si, vê resoluto
Sua cruel fortuna; de seus golpes
Ele sim vai debaixo, porém cuida
Em dela triunfar: outro é d'Aumale,
Que junto a ele, o rosto enfurecido,
Acusava os Flamengos, a fortuna,
E os Céus: "Bravo Mayenne (assim dizia)
Morramos, já que tudo se há perdido."
"Deixai um furor vão (lhe torna o Chefe)
Vivei para um Partido de que a honra,
Vós sois, vivei a restaurar a perda,
E a desgraça fatal; neste momento
Funesto, vós, e Bois-Delfin procurem
As relíquias juntar desses dispersos
Soldados; ambos vós então segui-me
Aos muros de Paris, indo de marcha,
Da Liga recolhei isso, que resta;
De Coligny vencido, e subjugado,
O valor excedamos "Ah! d'Aumale,
Isto escutando, chora; ele estremece
De raiva, mas a ordem que detesta
Parte a cumprir. É qual Leão soberbo,
Que o Mouro domar soube, pois que dócil
A seu Senhor, a tudo o mais terrível,
Sua horrorosa frente só sujeita
À mão, que ele conhece; de um aspecto
Feroz ele o acompanha; ele rugindo
O sabe acariciar; enfim parece
Que ameaça, ainda quando o lisonjeia.

Aos muros de Paris Mayenne em tanto
Com apressada fuga se retira,
Por ocultar o seu abatimento.
Henrique, vitorioso, vê os da Liga,
Que de todos os lados, sem defesa,

Sua clemência imploram. Neste instante
Desses Céus as abóbadas se abriram,
Os Manes dos Bourbons aos ares descem
Do alto do Firmamento: Luiz chega
Entre eles a observar o como Henrique
Neste nobre momento uso fazia
Do triunfo, e por fim como acabava
De dar merecimento à sua glória.

Junto dele os soldados tendo os olhos
Ainda em furor acesos, reparavam
Para os tristes vencidos, que a seus golpes
Escaparam; os tímidos cativos,
Conduzidos a Henrique, só esperam
Em profundo silêncio, que a sentença
Se lhes fulmine; o espanto, a angústia, o pejo,
A desesperação pintado tinham
Em seus rostos as suas desventuras:
Sobre eles volta então Bourbon os olhos
Cheios de graça; neles a ternura,
E a intrepidez reinavam juntamente:
"Ficai livres (lhes diz) vós desde agora
Podeis permanecer meus inimigos,
Ou viver meus Vassalos; em Mayenne,
Ou em mim, um Senhor será pois justo
Que vós reconheçais: de nós dois vede
Qual o merece ser; da Liga escravos
Gemei debaixo dela, ou companheiros
De um Rei, vinde por mim triunfar com ele.
Escolhei de uma vez." A estas palavras,
Que proferia um Rei cheio de glória,
Em campo de batalha vitorioso,
Se observam num momento os prisioneiros
Contentes por se verem derrotados,
Felizes porque a sorte os fez vencidos;
Seus olhos se iluminam, sem mais ódio
Se vêm seus corações; Henrique os vence
Com seu valor, depois com a virtude
Os sujeita também, e honrados todos
Com o nome, que tem de seus soldados,
Por expiar por fim o seu delito,

Marcham sobre seus passos; da carnagem,
O vencedor tranqüilo há já cessado;
Senhor dos seus guerreiros ele aplaca
Deles a valentia; mais não era
O leão que de sangue só coberto,
De lugar em lugar levava a morte,
E o terror; era um Deus todo benigno,
Que deixando o trovão, a tempestade
Prende, e consola a terra; em seu semblante
Ameaçador, feroz, e ensangüentado,
Há posto a paz o aspecto mais sereno:
Aqueles, em quem quase a luz estava
A extinguir-se, por ele já revivem;
É sobre seus perigos, sobre as suas
Necessidades, que ele vigilante,
Qual Pai atento, estende os seus cuidados.

A pronta mensageira dos sucessos
Verdadeiros, ou falsos, aumentando
Vai já sua carreira; ela de um vôo
Rápido, inda mais pronta do que o tempo
Além dos mares passa, vai de um pólo
A outro, até encher todo o Universo;
Este monstro composto de olhos, bocas,
E de orelhas, que canta as maravilhas
Dos grandes, e dos Reis canta a vergonha
Que tem a si sujeitas a esperança,
A admiração, a dúvida, o desejo
De saber, e a fatal credulidade,
Trombeta, que é da glória, pela sua
Brilhante voz, do Herói da França parte
A anunciar a vitória. Desde o Tejo
Ao Eridano foi participado
Por ela o estrondo; então eis o soberbo
Vaticano se admira; o Norte ouvindo
Sua voz, de alegria todo se enche;
Madri bramou de susto, e de vergonha,
De horror, e de tristeza: ó desgraçada
Paris! Ó vós, infiéis conspiradores,
Cidadãos enganados! Sediciosos
Sacerdotes enfim, e com que gritos

Dolorosos soaram vossos Templos!
No momento infeliz vossas cabeças
De cinza se cobririam. Ah! Mayenne
Inda vem lisonjear vossos esforços;
Vencido, porém cheio de esperanças,
E Senhor de Paris, com ardilosa
Política, ainda lá no seu retiro,
Quer aos da Liga incertos, que a derrota
Se esconda; contra um golpe tão funesto
Ele os quer segurar, imaginando
Que, em ocultar talvez sua desgraça,
Ele então a repara; por cem ruídos
Mentirosos quer ver, se assim reanima,
Deles o zelo; mas oposta a tantas
Cautelas a verdade, desmentindo
À sua vista os seus projetos falsos,
Voa de boca em boca, e ao mesmo tempo
Os corações de todos desalenta.

A Discórdia bramou, e redobrando
As suas raivas "Não verei (diz ela)
Destruída por certo a minha obra;
Não tenho nestes muros infelizes
Derramado os venenos, incendido
Tantos fogos, o meu poder firmado
Com tanto sangue, a fim de ver agora
Levar Bourbon da França o vasto Império.
Por terrível que seja, eu tenho inda arte
De enfraquecê-lo; se vencer não pude,
Poderei abrandá-lo: mais esforço
Se não oponha ao seu valor supremo;
A si mesmo, e não mais, agora Henrique
Sim tenha que vencer, e tremer deva
Só do seu coração; vou a atacá-lo,
E a vencê-lo também por ele mesmo."
Falou: e de improviso, lá das margens
Do Sena, sobre um carro todo tinto
De sangue, que adestrar soubera o ódio,
Em uma espessa nuvem, que terrível
Torna pálido o dia, ela enfim parte,
E em demanda do Amor voa apressada.

CANTO IX

•

ARGUMENTO

Descreve-se o Templo do Amor. A Discórdia implora o seu poder para abrandar o valor de Henrique IV. Este Herói é retido algum tempo com Madame d'Estrée, tão célebre debaixo do nome de Bela Gabriela. Mornay o arranca do seu amor, e o Rei volta ao seu exército.

•

Nos ditosos confins da antiga Idalia,
Onde a Europa termina, a Ásia começa,
Um Palácio[139] se eleva antigo, e sempre
Dos tempos respeitado. A natureza
Nele pôs os primeiros fundamentos;
Depois a arte polindo aquela simples
Arquitetura, viu-se que excedia
Da natureza o empenho; seus vizinhos
Campos, de verdes murtas abastados,
Nunca a injúria sentiram dos invernos.
Madurecer se vêem, por toda a parte,
Vêem-se brotar, em todo o tempo, tanto
Os frutos de Pomona, como os mimos
De Flora. A terra inculta não atende,
Para criar as suas sementeiras,
Aos desejos dos homens, nem à ordem
Das estações. Em uma paz profunda
Parece ali gozar o homem tudo

---

[139] *Esta descrição do Templo do Amor e a pintura desta paixão são inteiramente alegóricas. Se há posto em Chipre o lugar da Cena, como em Roma a morada da Política, porque os Povos daquela Ilha passaram em todo o tempo pelos mais dados ao amor, assim como a Corte de Roma há sido reputada pela mais política da Europa. Deve-se pois respeitar aqui o Amor, não como filho de Vênus, e como um Deus da fábula, mas como uma paixão, representada com todos os prazeres, e todas as desordens que a acompanham.*

Quanto, do mundo nos primeiros dias,
Quis com mão liberal a natureza
Conceder aos mortais; repouso eterno;
Dias serenos, ares sempre puros,
Os gostos, e prazeres prometidos
Da abundância, os bens todos finalmente
Dessa idade primeira, exceto a bela
Inocência. Por toda a parte se ouve
O som desses concertos admiráveis,
Com que a mole harmonia assim inspira
Doces langores; ouvem-se os amantes,
E o canto singular das suas Damas,
Com que celebram deles a vergonha,
E a fraqueza lhes louvam: cada dia
São vistas, com as testas adornadas
De flores, implorar de seus queridos
Amantes os favores; e à porfia
Apressadas marcharem ao seu Templo
Por instruídas serem na grande arte
De agradar, e enganar. A lisonjeira
Esperança, de um rosto sempre afável,
Pela mão os conduz ao Altar mesmo
Do Amor. Perto do Templo estão as Graças;
Meio nuas, às suas vozes juntam
Das danças os primores; sobre um leito
De branda relva, plácido, e contente,
Ouve o mole Apetite as suas doces
Canções, tendo dos lados o Segredo
Sempre mudo, o Sorriso que enfeitiça,
Os Cuidados, a terna Complacência,
As amáveis Delícias, os Desejos
Mais doces inda, mais enganadores,
Do que os mesmos Prazeres inconstantes.

Deste Templo famoso é esta a entrada
Deliciosa; porém se acaso um passo
Mais audaz avançando-se penetra
Té a abóbada sagrada, e ao Santuário
Se leva, que espetáculo funesto
Os olhos horroriza! Dos prazeres
Não é mais essa cópia amável bela;

Concertos amorosos jamais se ouvem:
As Queixas, os Desgostos, a Imprudência,
O Susto, ali transformam a morada
Deleitosa em habitação de horrores;
O taciturno Zelo com o rosto
Macilento, e sombrio, vai de um passo
Vacilante seguindo uma Suspeita,
Que o guia. O Ódio, a Raiva, derramando
O seu veneno, marcham diante dele,
Tendo o punhal na mão; eis a Malícia,
Que os vê passar, de um pérfido sorriso
Aplaude a sua infame, e indigna tropa;
Segue-a o Arrependimento, detestando
Seus furores, e em pranto umedecidos
Seus olhos, os abaixa, e enfim suspira.

No meio desta Corte assim de horrores,
Infeliz companhia dos prazeres
Dos homens, é aí que Amor tem feito
Sua eterna morada: este arriscado
Infante já cruel, já carinhoso,
Traz da terra os destinos invisíveis
Na sua fraca mão; com um sorriso
Ele dispensa a paz, ou manda a guerra,
E espalhando por toda a parte as suas
Doçuras enganosas, ele anima
O Universo, e continuamente assiste
No coração de todos; sobre um Trono
Luzente, contemplando ele as conquistas
Do seu braço, a seus pés via sujeitas
As mais soberbas testas; então fero
Com suas crueldades mais do que inda
Com os seus benefícios, dava mostras
De alegrar-se do mal que havia feito.

Conduzida a Discórdia de improviso
Pela Raiva, os Prazeres apartando,
Abre livre passagem, quando agita
O facho aceso, que na mão sustenta.
De sangue tinto o rosto, em ira os olhos
Inflamados, lhe diz: "Onde, irmão, se acham

Tuas setas mortais? Para quem guardas
As flechas invencíveis? Ah! se acesa
A tocha da Discórdia, a teus furores
Meu veneno fatal sempre juntaste;
Se tantas vezes pude a teu respeito
Turbar a natureza, corre, voa
Sobre meus passos; vem, e a minha injúria
Sabe vingar; um Rei já vitorioso
Despedaçado tem minhas serpentes;
Ele por suas mãos a oliva junta
Aos louros triunfantes; a clemência,
Com um passo tranqüilo indo marchando
Com ele ao sedicioso infausto seio
De uma guerra civil, favorecida
Dos régios estandartes, que tremulam
Por toda a parte, intenta reunir todos
Os corações, sendo estes divididos
Somente para mim; uma vitória
Inda não alcancei, e já por terra
Vejo o meu Trono em pó; Henrique leva
Aos muros de Paris o raio ardente,
A combater já parte o Herói famoso,
A vencer, e perdoar; de cem cadeias
Fortes me vai prender seu braço altivo:
A ti toca impedir esta torrente
No seu curso; tu podes de tão nobres
Triunfos envenenar a fonte toda:
Vai pois, Amor, debaixo do teu jugo
Ele gema abatido; prostra, vence
O seu valor no seio da virtude;
Lembre-te que és aquele cujo braço
Hércules fez cair sem suas forças
Aos pés de Onfale. Não se viu Antonio,
Nos teus ferros de todo enfraquecido
Abandonar por ti graves cuidados
Do Universo? fugir estando à vista
De Augusto, e por seguir-te sobre as ondas,
Cleópatra preferir a todo o Império
Do mundo? Pois, Amor, para venceres
Te resta Henrique só depois de tantos
Guerreiros. Que nas suas mãos soberbas

Os louros se lhe murchem, vai, procura;
Vai do mirto amoroso a frente altiva
Cingir-lhe; entre os teus braços adormece
Sua audácia guerreira; tu de arrimo
Ao meu Trono abalado serve agora;
Teu Reino é o meu, e a minha causa é tua.

Desta sorte falava aquele monstro,
E a retumbante abóbada os acentos
De sua voz tremenda repetia;
Amor, que recostado sobre as flores,
O ouvia, de um sorriso fero, e doce,
Responde às suas fúrias; entretanto
Ele se arma das suas flechas de ouro;
Ele dos vastos Céus as azuladas
Esferas rompe já, e precedido
Das danças, dos prazeres, e das graças,
Dos Zéfiros nas asas voa aos campos
Franceses, em demanda só de Henrique.

Na carreira se alegra de ver logo
A Simois fraco, e o campo, onde foi Tróia;
Ele se ri ao ver nesses lugares
Afamados as cinzas inda quentes
Dos Palácios por suas mãos extintos;
Ele divisa ao longe aqueles muros
Erguidos sobre as águas, seus soberbos
Edifícios, do mundo esse prodígio,
Veneza enfim, de quem Netuno admira
O destino; que impera sobre as ondas,
Represadas pela arte no seu seio.

Ele desce, e demora-se nos campos
Da Sicília, onde a Teócrito e Virgílio
Ele mesmo inspirara, e onde se conta
Que do amoroso Alfeu em outro tempo
Ele as águas por novos subterrâneos
Caminhos conduzira; sem demora
Da amável Aretusa ele deixando
As praias, voa aos campos de Provença,

Onde Vaucluse[140] está, mimoso asilo,
Lugares em que o grão Petrarca soube
Nos seus bons dias suspirar seus versos,
E seus amores; ele então divisa
As muralhas de Anet[141] edificadas
Nas margens do Euro, cuja altiva, e nobre
Estrutura ele mesmo dispusera;
Por suas destras mãos ali, com arte
Estampadas as cifras de Diana,
Distintas se conservam; de passagem
As graças, e os prazeres derramaram
Sobre o túmulo dela as tenras flores,
Que dos vestígios seus iam nascendo.

Aos campos d'Ivry chega finalmente
O Amor. Posto que o Rei se achava pronto
A partir, com desígnios superiores,
Da guerra a imagem feia confundindo
Com os prazeres, quis por um momento,
Que ao seu trovão se desse algum repouso;
Mil guerreiros mancebos, caminhando
Por meio dos alqueives, perseguiam
Juntamente com ele os habitantes
Dos bosques. Sente Amor, ao avistá-lo,
Inumana alegria; logo as flechas
Ele aguça, as cadeias já prepara,
Agita os ares, que ele mesmo havia
Serenado; ele fala, de improviso
Se armam os Elementos, e de um pólo
A outro vão chamando as tempestades;
A sua voz se vê, que manda aos ventos
Juntar as nuvens, derramar na terra
As torrentes nos ares suspendidas,
E que, com os relâmpagos, e raios,
A noite façam vir; às suas ordens
Fiéis os Aquilões têm já soltado

---

[140] *Vaucluse, junto a Gordes, em Provença, célebre pela morada que fez Petrarca nas suas vizinhanças.*
[141] *Anet foi edificado por Henrique II para Diana de Poitiers, cujas cifras estão dispostas em todos os ornatos deste Castelo, o qual não é longe das planícies de Ivry.*

Suas asas, nos Céus escurecidos
A mais horrenda noite então sucede
Ao dia mais brilhante, a natureza
Geme por fim, e o Amor já reconhece.

Nos sulcos enlodados da campanha
Alagada, sem guia, sem escolta,
Incerto marcha o Rei; neste momento
Amor acende a luz, faz com que brilhe
Esse prodígio novo diante dele;
Apartado dos seus, por esses bosques
Escuros, segue Henrique este inimigo
Astro, que ainda nas sombras resplandece;
Bem como algumas vezes os viajantes
Turbados vão seguindo esses ardentes
Fogos que a terra exala; sim, os fogos,
Cujo vapor maligno, e passageiro
Nesse instante, em que a luz lhes comunica,
Nesse mesmo os conduz ao precipício.

Pouco antes a fortuna a estes climas
Miseráveis havia conduzido
De uma ilustre mortal os tenros passos;
No fundo de um Castelo solitária,
E tranqüila, apartada dos tumultos
Da guerra, ali seu Pai ela aguardava,
Que fiel a seus Reis, envelhecido
Nos perigos, do grande Henrique havia
Seguido os estandartes; o seu nome
Era d'Estrée;[142] a mão da natureza
A havia enriquecido dos sublimes
Dons sem medida. Tanto não brilhava,
Lá nas margens do Eurotas delicioso,
A que se viu culpada formosura
Traidora a Menelau. Menos tocante,

---

[142] *Gabriela d'Estrée, de uma antiga casa de Picardia, filha e neta de um Grão-mestre de Artilharia, casada com o Senhor de Liancourt, e depois Duquesa de Beaufort etc. Henrique IV se namorou dela durante as guerras civis: ele se disfarçava algumas vezes por ir falar com ela. Um dia se disfarçou em traje de paisano, e passou por entre as guardas inimigas, não sem risco de ficar prisioneiro.*

E menos bela em Tarso[143] deixou ver-se
A que soube domar, e render soube
O Senhor dos Romanos, quando atentos
Das ribeiras do Cidno os habitantes,
Nas mãos tendo o turíbulo, a tiveram
Por Vênus. Ela entrava em uma idade
Muito para temer-se; essa que rende
O jugo das paixões inevitável;
Seu coração se achava sim nascido
Para amar, mas altivo, e generoso,
Os votos até ali de algum amante
Não tinha recebido. Era não menos
Que a fresca rosa em sua primavera,
Quando encerra ao nascer a formosura
De que é dotada; aos ventos namorados
Os tesouros encobre de seu seio,
E se abre tão somente aos doces raios
De um dia majestoso, e esclarecido.

Amor, que então se apronta a surpreendê-la,
Com um nome suposto vai render-se
Junto a ela; sem facho ele se mostra,
Sem flechas, sem aljava: ele de um simples
Menino toma a voz, toma a figura:
"Se há visto (então lhe diz) sobre a vizinha
Ribanceira avançar-se a estes lugares
Quem venceu a Mayenne." Assim falando,
Ele no coração lhe insinuava
Um desejo, ou paixão desconhecida
De agradar a este Herói; de nova graça
Seu rosto se animou; e o Amor mesmo,
Já de vê-la tão bela se gloriava;

---

[143] *Cleópatra, indo a Tarso, onde Marco Antonio a havia chamado, fez esta viagem em uma Nau brilhante, ornada de ouro, e das mais belas pinturas; as velas eram de púrpura, as cordas de ouro, e seda. Cleópatra estava vestida como então se representava a Deusa Vênus; suas Damas figuravam as Ninfas, e as Graças; a popa e proa estavam cheias de belos Infantes disfarçados em Amores. Ela marchava com toda esta equipagem sobre o rio Cidno ao som de mil instrumentos de música. Todo o Povo de Tarso a reputou por Deusa, e Antonio desceu do seu Tribunal para lhe sair ao encontro.*

De tantos atrativos socorrido,
Que se não prometia! Ele a encontrar-se
Com o Monarca os passos lhe dirige.
O simples artifício, com que o adorna
Ela em si há formado, parecia
Aos olhos, que se enganam, um efeito
Da natureza; o ouro de seus louros
Cabelos, que se espalham, ondeando
À vontade dos ventos, umas vezes
A garganta lhe cobre, e os dois tesouros
Nascentes; outras vezes patenteiam
O indizível encanto. Mais amável
Sua grave modéstia inda a fazia,
Não aquela sombria austeridade
Que afugenta os Amores, e ainda a mesma
Formosura; um pudor sim doce, e brando,
Inocente, pueril, que torna o rosto
Colorido com um rubor divino,
Que motiva o respeito, que os desejos
Inflama, que ainda mais aumenta o gosto
Daquele que feliz pode vencê-la.

Inda faz mais o Amor, mas que milagre
Lhe será impossível! Ele encanta
Com um forte atrativo estes lugares;
As murtas enlaçadas, que obediente
A terra de improviso vai brotando
De seu pródigo seio, estendem logo
Em torno desta estância as suas folhas;
Quem passa à sombra delas, por ocultos
Laços sente prender-se; entre o deleite,
E a turbação jamais pode apartar-se;
Debaixo desta sombra, fugitiva
Corre uma fonte, assaz encantadora;
Os ditosos amantes docemente
Engolfados ali a longos tragos
Bebem do seu dever o esquecimento;
Por toda a parte Amor faz que se sinta
O seu poder; ali tudo aparece
Mudado, os corações não têm sossego,
Todos envenenados são do encanto

Que respiram; enfim tudo ali fala
De Amor. No prado os pássaros redobram
Os beijos, as carícias, e os seus cantos;
O ardente cegador, que antes da aurora
Se encaminha a cortar essas, que o Estio
Criou, louras espigas, se perturba,
Suspira, e se detém; impaciente
Seu coração com seus novos desejos
Fica encantado nestes deliciosos
Retiros, suspirando enfim não pode
Prosseguir na colheita. Junto dele
A Pastora esquecida dos rebanhos,
Da trêmula mão sente já cair-lhe
O fuso: como a um poder tão forte
Se pode opor d'Estrée? Por um encanto
Invencível se vê toda atraída;
Neste dia funesto, ah! que inimigos
Vai combater! a sua mocidade,
O Herói, o Amor, e o seu coração terno.

O valor imortal de Henrique é certo
Que o chamava em segredo algumas vezes
Para as suas bandeiras vencedoras;
Uma invisível mão é quem o obriga,
E faz que se demore; na virtude
Em vão procura o apoio, ela o abandona,
Cega sua alma, enfim, não vê, não ouve,
Mais que d'Estrée não ama, não conhece.

Longe dele entretanto os Chefes todos
Cheios de admiração já se perguntam
Onde o Príncipe está; pelos seus dias
Eles tremem, e ficam consternados:
Quem o pudera crer! Neste momento
Muito houve que temer-se pela glória
De Henrique, em vão se busca, seus soldados,
Postos sem ele em marcha, o valor perdem,
Sem o seu Rei parecem já vencidos.

Mas o Gênio feliz, que assim preside
À França, não sofreu por muito tempo

Tão arriscada ausência; dos Céus desce
À voz de Luiz, e a dar socorro ao filho
Vem de um rápido vôo; então chegado
A este triste hemisfério, olhou em roda
Por toda a terra, a ver se nela um sábio
Poderia encontrar; não o procura
Nesses lugares sempre respeitáveis,
Em que habita a abstinência, que ao silêncio,
E ao estudo se consagram; a Ivry parte:
Ali, onde a licença, onde a arrogância
Do vencedor guerreiro se enfurece,
Seu vôo terminou o sempre fausto
Anjo da França; sim, no centro mesmo
Das bandeiras dos filhos de Calvino
Dirigiu-se a Mornay;[144] nisto quis ele
Ensinar-nos que muitas vezes basta,
Para nos conduzirmos, o discurso;
Como no Gentilismo a razão fora
A que a Platão guiara, e a Marco Aurélio,
Vergonha que serão dos Cristãos sempre.

Mornay soube, não só prudente amigo,
Mas austero filósofo, a grande arte
De argüir, e de agradar ao mesmo tempo;

---

[144] *É errôneo o pensamento do Autor quando afirma que a razão só e o discurso bastam a dirigir as nossas ações. Pode sim o homem obrar sem a influência da graça algumas ações na ordem natural, mas nunca elas serão dignas de uma superior recompensa. A prova que ele produz é igualmente fútil: nunca se viram no gentilismo virtudes sólidas, e dignas do Cristianismo. O mesmo Platão e Marco Aurélio mancharam suas máximas Filosóficas com mil erros práticos. É por isso que destes sábios diz o Apóstolo que Deus os entregou a seus reprovados sentimentos por não terem reconhecido a liberal mão do Céu, que sobre eles derramou as suas luzes. Além de que, é muito verossímil que estes filósofos tivessem conhecimento da revelação, donde podiam tirar essas belas máximas que nos deixaram, e de que não se souberam aproveitar. Platão, além de outros sábios Gregos, peregrinou por diversos países, e penetrou até o Egito, como escreve Diógenes Laércio na sua vida: ali, ele podia ter perfeito conhecimento da Lei Mosaica; os Romanos, e como não Marco Aurélio este grande Imperador? foram mil vezes aterrados pela fatal voz dos pregoeiros Evangélicos que combateram na mesma Roma os seus erros. (Nota da primeira edição.)*

Melhor que seus discursos, instruía
Seu exemplo; as mais sólidas virtudes
Foram os seus e os únicos amores;
Ansioso de trabalhos, insensível
Às delícias, com passo firme andava
Junto dos precipícios; o ar da Corte,
E o seu sopro empestado não puderam
Infeccionar jamais a sempre austera
Inocência do seu coração casto.
Assim, bela Aretusa, as tuas águas
Afortunadas correm para o seio
Furioso de Anfitrite, um cristal puro,
As ondas sempre claras, a quem nunca
Os amargosos mares corromperam.

O Excelente Mornay, sendo-lhe guia
A Prudência, transporta-se aos lugares
Onde em braços a tépida moleza
O vencedor retinha dos humanos,
E nele subjugava juntamente
Os destinos da França; a cada instante
O Amor, suas vitórias aumentando,
Mais feliz o fazia, por que a glória
O inflamasse melhor: quando os prazeres
Têm quase sempre termos tão sucintos,
Seus momentos ali se repartiam,
E preenchiam seus dias deliciosos.

No meio deles, eis que ardendo em ira,
Amor descobre de Mornay ao lado
A severa Prudência; ele pretende
Lançar sobre um guerreiro tão ilustre
Um tiro vingador; imaginava
Encantar seus sentidos, procurando
Ferir seu coração; mas seus encantos,
Suas iras Mornay sábio despreza;
É sobre suas armas que se embotam
De Amor as setas fracas; ele aguarda
Que o Rei, sem companhia, se ofereça
A seus olhos; talvez quando contemple
Por desafogo aqueles bons lugares.

No fundo dos jardins, onde uma fonte
Mais cristalina corre, ali debaixo
De um amoroso mirto, doce asilo
Do segredo, d'Estrée ao Régio amante
Pródiga dispensava os seus agrados;
Ele desfalecia junto dela;
Ele ardia em seus braços; já mais nada
Alterava os encantos das suaves
Doces conversações; seus olhos cheios
De venturosas lágrimas estavam,
Dessas lágrimas sim, que dos amantes
Fazem toda a delícia. Eles sentiam
O letargo, os desmaios, os transportes,
Os furores, que um tenro amor inspira,
Que ele só faz gostar, que ele só pode
Descrever; os Prazeres brincadores,
Os Amores pueris o Herói desarmam;
Um lhe toma a couraça inda coberta
De sangue, outro lhe tira fora a espada
Formidável; assim se divertiam,
Tendo nas fracas mãos aquele ferro
Do Trono apoio, assombro dos viventes.

A Discórdia de longe então insulta
A fraqueza do Herói; por um sussurro
Seu bárbaro prazer ela declara;
A fera atividade se aproveita
Dos seus instantes; corre enfim da Liga
A irritar as serpentes; ah! que enquanto
Bourbon repousa, e dorme, se desperta
Dos inimigos seus a raiva toda.

Nesses jardins, enfim, onde desmaia
Sua virtude, vê que lhe aparece
Mornay, e ao vê-lo, cobre-se de pejo;
Um do outro só por só teme a presença;
Chega-se o sábio a ele, e um pensativo
Silêncio guarda; mas um tal silêncio,
E suas vistas baixas bem se fazem
Do Príncipe entender, e assaz se explicam:
Sobre o sombrio rosto em que reinava

A austeridade, Henrique facilmente
Sua vergonha lê, sua fraqueza:
Raras vezes se estimam dos defeitos
As testemunhas, sim, e a qualquer outro,
Que não fosse Mornay, levara Henrique
Muito a mal o cuidado: "Caro amigo
(O Rei diz), minha cólera não temas;
Quem meu dever me ensina, está seguro
De me agradar; o coração se buscas
Do teu Príncipe, vem, porque ele é digno
Inda de ti; o ver-te só me basta
Por que a mim mesmo tu me restituas;
Eu já torno a cobrar toda essa glória,
Que me há roubado o Amor; deste letargo
Vergonhoso fujamos à ignomínia,
Fujamos enfim de um lugar funesto,
Onde meu coração sobressaltado
Inda ama essas cadeias que arrastara;
O meu maior triunfo, de hoje em diante,
Seja o vencer-me, vamos; sim, nos braços
Da glória fique Amor escarnecido,
E o terror em Paris logo espalhando,
Com o sangue Espanhol o erro apaguemos."

Mornay, a estas palavras generosas,
Conheceu o seu Rei: "Sois vós (diz ele)
Que apareceis de novo, como augusto
Apoio, e defensor da França inteira;
Vencedor de vós mesmo, vós Rei fostes
Do vosso coração; à vossa glória
Um novo resplendor o Amor aumenta;
Se quem o não conhece é venturoso,
Ilustre, e esclarecido, é quem o vence."

Assim falou, e o Rei destes lugares
Já se apressa a partir; Oh Céus! Que pena,
Enternecem as suas despedidas!
Cheio do amado objeto, a quem adora,
E a quem foge, se vai a condenar-lhe
As lágrimas que verte; ah! que ele mesmo
As derrama também; vê-se obrigado

Por Mornay, por Amor vê-se atraído;
Retira-se, mas torna, enfim já parte
Desesperado. Oh dor! neste momento
D'Estrée desfalecida, sem sentidos
Fica, sem cor, sem vida; de uma noite
Repentina seus olhos belos se ornam;
Amor, que o percebeu, lançou aos ares
Um espantoso grito; o Herói se assusta,
Ele receia que uma noite eterna
Leve Ninfa tão bela ao seu domínio,
E que apague os encantos para sempre
Daqueles olhos, que excitar deviam
Na França tanto ardor; ele em seus braços
A recebe, eis que logo aquela amante
À doce voz do amado vai abrindo
As pálpebras defuntas, e o nomeia
Por seu querido bem; torna a chamá-lo,
Mas em vão; com os olhos inda o busca,
E de repente os fecha: o Amor banhado
Das lágrimas, que o Herói ali vertera,
À luz, que lhe fugia, brandamente
A torna a revocar; de uma esperança
Enganadora mostra-lhe a doçura,
Do mal, de que era autor, ele a consola.

Mornay sempre inflexível, e severo
Entretanto ao seu Rei penalizado
Incitava; a virtude enfim, e a força
O caminho lhes mostram; quem os guia,
Com os louros nas mãos, é a bela glória;
Raivoso o Amor de ver-se assim vencido
Do dever, a ocultar logo se apressa,
Longe de Anet, as iras, e a vergonha.

CANTO X

ARGUMENTO

Volta o Rei ao seu exército. Ele torna a dar princípio ao sítio. Combate singular do Visconde de Turenne, e do Cavalheiro d'Aumale. Fome horrível que assola a Cidade: o Rei alimenta os mesmos habitantes a quem põe sítio. O Céu recompensa enfim as suas virtudes. A verdade vem ilustrá-lo. Paris lhe abre as suas portas, e se finaliza a guerra.

Perdidos na moleza os arriscados
Momentos, causa foi de que os vencidos
Já da sua fraqueza se esquecessem;
Para novas ações se vai dispondo
Mayenne; uma esperança, que renasce,
O Povo alenta, e ao mesmo tempo o engana:
Impaciente Bourbon, pois nada o impede,
Parte logo a acabar sua conquista;
Admirada Paris torna de novo
A ver seus estandartes vencedores,
O Herói junto a seus muros torna a ver-se,
Naqueles mesmos muros nos quais inda
Fumando está seu raio, e que ele nunca
A reduzir a cinzas se há disposto,
Por ter baixado a ele o Anjo da França
A sossegar-lhe as iras, e a impedir-lhe
O braço vencedor propínquo ao estrago.

Já no campo do Rei se ouvem os gritos
De alegria; impacientes o despojo
Anelam todos; justo assombro ocupa
Os da Liga, entretanto que turbados
Com Mayenne se juntam a Conselho:
Contrário ali d'Aumale a todo o voto,

Que fosse timorato, fortemente
Esta fala lhes fez bem resoluto:
"Nós inda não sabemos ocultar-nos;
Vem a nós o inimigo, é pois preciso
Que para ele marchemos, que para ele
Um furor venturoso se dirija;
A ardência impetuosa dos Franceses
Eu bem conheço; a sombra dos seus muros
Lhes sopita a virtude; se se ataca
O Francês, ele está meio vencido;
A desesperação, ah! quantas vezes
Tem ganhado as batalhas! Eu espero
Tudo de nós, dos nossos muros nada;
Heróis, que me escutais, voai aos campos
De Marte; os vossos Chefes são (Ó Povos
Que nos quereis seguir) os vossos muros."

Calou-se a estas palavras: os da Liga
Em silêncio parecem que lhe acusam
A audácia de imprudente; de vergonha
A d'Aumale se assoma o sangue ao rosto,
E nos olhos de todos perturbados
Ele leu impaciente o temor deles,
E a repulsa: "Está bem, pois se a seguir-me
(Ele torna) valor em vos não acho,
A esta afronta, Franceses, eu não quero
Sobreviver; se acaso é que os perigos
Vós temeis, eu só vou, vai só d'Aumale
Oferecer-se a eles, e ensinar-vos
Ao menos a morrer, quando não vença."

As portas de Paris em um instante
Ele abrir faz; do Povo, que o rodeia,
Ele despede a escolta, e se adianta:
Um Rei de armas, Ministro dos combates,
Que até as tendas do Rei lhe há precedido,
Então grita em voz alta: "Qualquer que ama
A bela glória venha; sim, dispute
Neste lugar a honra da vitória;
Inimigos, d'Aumale vos espera."

À voz do desafio, os Chefes todos
De zelo arrebatados, já queriam
Provar o seu valor contra d'Aumale;
Perante o Rei ali se disputavam
Sobre a ilustre vantagem; todos tinham
O preço do valor bem merecido,
Mas Turenne somente foi quem pôde
Obter honra tão grande; o Rei há posto
Nas suas mãos da França toda a glória;
Vai (lhe diz) de um soberbo essa arrogância
Reprime, pelo teu País combate,
Pelo Príncipe teu, e por ti mesmo;
Ao partir do teu Rei recebe as armas;
Isto dizendo Henrique lhe confere
A sua espada. "Ó grande Rei (Turenne
Lhe responde, abraçando-o pelos joelhos)
Vossa esperança não será frustrada,
Juro-o por este ferro, e por vos juro."
Falou: o Rei o abraça, e já se lança
Turenne para a parte onde d'Aumale
Impaciente esperava que a seus olhos
Um guerreiro valente aparecesse;
De Paris todo o Povo correu logo
Às muralhas; os Chefes, e os soldados
De Henrique, junto dele se puseram;
Sobre os dois combatentes se fitaram
As vistas todas; cada qual procura
Ver o seu defensor em um daqueles;
E então não só com gestos, mas com vozes,
Imagina excitar-lhe o valor forte.

Sobre Paris no entanto se elevava
Uma nuvem fatal, que parecia
O trovão conduzir, e a tempestade;
Seus lados denegridos, e abrasados,
Abertos de improviso já vomitam
Neste lugar os monstros dos Infernos;
O horrível Fanatismo, a sempre infausta
Discórdia, a melancólica, severa
Política, de um coração falsário,
De um olhar ao revés; mesmo o Demônio

Dos combates, furores respirando;
Deuses embriagados só de sangue,
Deuses dignos da Liga. Eles aos muros
Da Cidade se lançam, ali chegam
Em favor de d'Aumale; depois logo
Ao combate se apressam. Eis que do alto
Dos Céus abertos, nesse mesmo instante,
Sobre o Trono dos ares, desce um Anjo
De luz cercado, envolto em resplendores,
Que com asas de fogo vai abrindo
Sua carreira, atrás de si deixando
O Ocidente ilustrado com os sulcos
Luminosos, de que ele está cingido;
A oliveira sagrada ele sustinha
Em uma mão, anúncio prodigioso
De uma paz desejada; em outra o ferro
Do Senhor das vinganças reluzia,
A espada que vibrara em outro tempo
O Anjo exterminador, quando se acharam
Condenados à morte devorante
Pelo Eterno os primeiros, que nasciam
De uma raça insolente. Logo à vista
Desta espada suspensos, desarmados
Os monstros infernais, desfalecidos
Se mostram, o terror logo os surpreende,
Um poder invencível lança em terra
As armas vis d'aquela infame tropa.
Assim do seu Altar, tinto de sangue
Dos humanos, caiu o Dagon fero,
O Deus dos Filisteus, apenas a Arca
Do Deus dos Deuses fora ali trazida,
E àquele cego Povo apresentada.

Paris, o Rei, o exército, os Infernos,
E os Céus fitado tinham suas vistas
Sobre o ilustre combate; os dois guerreiros
Na carreira entram logo; soube Henrique
De uma ação de honra abrir-lhes o caminho;
C'o peso de um escudo eles seus braços
Não oprimem, também se não ocultam
Debaixo desses bustos de aço, ou bronze,

Que foram em outro tempo ornato honroso
De antigos Cavaleiros, para a vista
Brilhantes, para o ferro impenetráveis;
Quiseram rejeitar um aparato,
Que demora o combate, e que o perigo
Faz que seja menor; as suas armas
São só a espada; abjeta outra defesa,
Expostos corpo a corpo já se avançam:
"Ó Deus (Turenne exclama) que és agora;
Árbitro do meu Rei, desses Céus desce.
E julga a sua causa; por mim hoje
Peleja, que o valor, sem ter a tua
Mão protetora, é em vão quanto trabalha;
Eu de mim nada espero, e se confio,
É na tua justiça." Então d'Aumale
Respondeu: "Do meu braço tudo espero;
De nós é que depende esse destino
Dos combates; em vão um timorato
Implora o Deus Supremo; bem tranqüilo
Nos Céus ele a nós mesmos nos entrega;
O partido mais justo é do que vence,
E o valor é somente o Deus da guerra."
Falou: e de um aspecto todo cheio
De soberba, ele vê a segurança
Modesta com que o seu rival se porta.

Mas a trombeta soa; ambos avançam,
O combate fatal enfim começa;
Tudo quanto jamais em si puderam
O valor, a destreza, a agilidade,
A constância, a paixão, o ardor, a força,
Se viu de ambas as partes neste choque
Admirável; cem golpes eram dados,
E reparados logo ao mesmo tempo;
Com furor umas vezes um sobre outro
Se lança, mas com passo mui ligeiro
Se desvia o contrário; mais unidos
Outras vezes parece que se apertam;
Espantoso prazer é vê-los ambos
No perigo maior; dá gosto vê-los
Como se observam, como então se medem

Se temem, se demoram, se arremessam;
O ferro cintilante desviado
Com arte, nos fingidos movimentos
Engana a vista absorta, e confundida:
Tal se há visto do Sol a luz brilhante
Quebrar seus raios na água transparente,
E por outros caminhos já rompendo,
Do cristal puro repassar aos ares;
O espectador atento, surpreendido,
Não o podendo crer, a todo o instante
Via dos combatentes logo a queda,
Para logo a vitória; mais ardente
É d'Aumale, mais forte, e mais furioso;
É mais destro Turenne, porém menos
Impetuoso; senhor dos seus sentidos
Sem cólera animado, pouco a pouco
Faz cansar o seu rígido contrário:
D'Aumale em vãos esforços exaurido
Tem logo o seu vigor, e assim seu braço
Já fatigado ao seu valor não serve;
Turenne, percebendo-lhe a fraqueza
Reanima-se então, e vai sobre ele,
De tal sorte o carrega, que de um golpe
Por fim mortal o peito lhe transpassa:
Envolvido nas ondas do seu sangue
D'Aumale cai; do Inferno os monstros todos
Tremeram, e estes lúgubres acentos
Lá nos ares se ouviram: "Já da Liga
Se há destruído o Trono para sempre,
Tu o levas, Bourbon, o nosso Reino
Acabou." Todo o Povo corresponde
Com gritos lamentáveis. Já d'Aumale,
Sem vigor estendido sobre a areia,
Ameaçando a Turenne, em vão o ameaça;
Sua espada terrível já se observa
Da mão cair-lhe; sim, falar pretende,
Mas na boca languente a voz lhe expira;
O horror de ser vencido é quem o aspecto
Lhe faz ser mais feroz; ergue-se, e torna
A cair; abre um olho agonizante,
Vê a Paris, e morre suspirando;

Mayenne desgraçado assim o viste;
Tu tremes, tua próxima ruína
Ah! que neste tão hórrido momento
Se está oferecendo a teus sentidos.

Os soldados no entanto conduziam
Aos muros de Paris, a passos lentos
O corpo miserável de d'Aumale;[145]
Por entre um Povo cheio de tristeza
(Que horror!) este espetáculo funesto,
Esta pompa fatal foi caminhando;
Vê cada qual tremendo aquele corpo
Desfigurado, o rosto denegrido,
Tinto de sangue, a boca um pouco aberta;
Inclinada a cabeça ensangüentada,
E cobertos de pó os olhos, onde
A morte em seus horrores mais se empenha;
Já se não ouvem gritos, não se observam
Lágrimas; a vergonha, o abatimento,
A piedade, o temor contém as queixas,
Os suspiros sufocam; tudo treme,
Cala-se tudo; um ruído então terrível
O horror deste silêncio aumenta logo;
Os gritos dos sitiantes se levantam
Até os Céus; os soldados, e seus Chefes
Ao Rei suplicam, instam pelo assalto:
Bourbon neste momento lhes modera
A cólera, e valor; sentiu que ainda
Dentro em si ele amava a ingrata Pátria,
Ele salvá-la quis da própria fúria;
Pronto em favorecer os seus Vassalos,
Quando era deles mais aborrecido;
A tempo que perderem-se procuram,
Ele os quer só ganhar; feliz se julga,
Se com sua bondade sujeitando
A fera audácia destes infelizes,

---

[145] *O Cavalheiro d'Aumale foi morto neste tempo em Saint-Denis, e a sua morte debilitou muito o partido da Liga. O seu duelo com o Visconde de Turenne não é mais que uma ficção, mas estes combates particulares usavam-se então.*

Os pudesse forçar a que rogassem
Dele o perdão; podendo destruí-los,
Faz com que lhe resistam; aos furores
Lhes deixa enfim Bourbon entregue o tempo
De assim se arrepender: há previsto
Que sem assaltos pode, sem combates,
Oprimi-los; que a fome, que a penúria,
Mais fortes do que as armas, sem trabalho
Lhe entregarão um Povo sem alentos,
Nutrido na abundância, acostumado
Ao luxo, que vencido de seus males
Pela indigência, humilde chegaria
A implorar a seus pés toda a clemência:
Porém o falso zelo (ah! Quem tão duro
Deixara de ceder!) o sofrimento
Lhes ensina, e que a tudo eles se arrisquem.

Os sediciosos pois, a quem poupava
Uma mão vingadora, inda se atrevem
A tornar por fraqueza o que é virtude
Num poderoso Rei; do valor dele
Esquecidos, soberbos abusando
De tantas graças, já de novo insultam
O seu senhor, afrontam a quem mesmo
Soube vencê-los, chegam finalmente
A infamar-lhe a vingança por ociosa.

Mas quando enfim do Sena posto em sítio,
As águas conduzir já não puderam
Para a grande Cidade o costumado
Tributo das copiosas sementeiras
Dos seus contornos, quando a fome infausta,
E pálida, em Paris aparecia,
Mostrando a triste morte, que após dela
Marchava, então se ouviram espantosos
Alaridos; Paris de desgraçados
(A soberba Paris) se viu encher-se
Dos que com voz languente, a mão tremendo,
Para a vida o sustento em vão pediam;
O mesmo rico, vendo seus esforços
Baldados, para logo sente a fome

No meio dos tesouros. Não havia
Nem mais divertimentos, nem mais jogos,
Ou festas, onde todos adornavam
De rosas, e de murtas as cabeças;
Onde em grandes prazeres (que são sempre
De pouca duração) os mais seletos
Vinhos, e os mais magníficos manjares,
Debaixo das abóbadas douradas,
Em que habita a moleza, desafiavam
Do inerte paladar o gosto enfermo.

Com horror, todos esses voluptuosos
Então se viu que, pálidos, no aspecto
Desfigurados, tendo a morte à vista,
No centro da opulência perecendo
De miséria, detestam por inútil
De seus bens a abundância; aquele velho,
Cuja fome termina já seus dias,
Vê que expira no berço sem socorro
O caro filho ali desfalecendo
Uma família inteira perde a vida;
Mais adiante, lançados sobre a terra,
Mil outros infelizes disputando
Estão inda nos últimos instantes,
Sobre sórdidos restos, vãs relíquias
De uns alimentos vis. Estes espectros
Famintos, ultrajando a natureza,
Vão demandar ao seio dos sepulcros
O sustento; dos mortos, e já podres
Ossos, como se fosse um puro trigo,
Dispõem (que horror!) o pão: que não obrigam
A tentar as misérias mais extremas!
Das cinzas de seus Pais eles se nutrem,
Porém esta iguaria detestável
Mais lhes apressa a morte,[146] este alimento
Enfim lhes serve de última comida.

---

[146] *O Embaixador de Espanha foi o que aconselhou a que dos ossos dos mortos fizessem pão, mas isto serviu de abreviar mais os dias a muitos milhares de homens.*

Contudo os Sacerdotes,[147] esses ímpios
Fanáticos Doutores, que bem longe
De terem também parte nas misérias
Públicas, dirigindo seus paternos
Cuidados tão-somente para as próprias
Necessidades, todos na abundância
Viviam sempre, à sombra dos Altares,[148]
Atestando a paciência do Deus que eles
Tanto ultrajavam, prontos acudiam
Por toda a parte a dar esforço ao Povo
Para a constância: a uns, a quem a morte
Ia a cerrar os olhos, patenteavam
Suas mãos liberais dos Céus as portas;
Ao mesmo tempo a outros, de um austero
Golpe de olho profético, mostravam
O raio abrasador todo eminente
Sobre um Príncipe herege; os numerosos
Socorros, sem demora ali chegados,
A pôr salvo a Paris, enfim té pronto
Do Céu o Maná caindo já sobre eles;
Ah! Que estes contos vãos, estas promessas
Estéreis, mais, e mais inda encantavam
A tantos desgraçados, muito fáceis
De se enganarem; eles, seduzidos
Pelos Padres, também amedrontados
Dos Dezesseis, submissos, e contentes,
Aos pés deles morriam; na verdade,
Porque a vida abandonam, são felizes.

Dum montão de Estrangeiros a Cidade
Repleta estava; tigres, que em seus seios
Nossos Avós nutriram; mais terríveis

---

[147] *Se é certo o que se afirma destes Eclesiásticos, é esse fato um argumento forte da sua avareza, e inumanidade; mas os costumes (como já em outra parte se advertiu) em nada podem detrair à doutrina santa do Evangelho, que tão claramente recomenda a compaixão para com os nossos semelhantes, a quem manda amar como a nós mesmos, e por conseqüência socorrê-los na sua miséria, e indigência. (Nota da primeira edição.)*
[148] *Fez-se revista (diz Mezeray) nas casas dos Eclesiásticos, e nos Conventos, e se acharam todos com provimento, inda os mesmos Capuchinhos, para mais de um ano.*

Que a mesma morte, a guerra, e do que a fome:
Uns que vieram das Bélgicas campanhas,
Outros lá dos penhascos, e dos montes
Da Helvécia,[149] todos bárbaros, que ostentam
A guerra por ofício, e as suas vidas
Não duvidam vender, a quem lhas pague:
Destes novos tiranos as famintas
Tropas põem cerco às casas, e furiosas
Rompem as portas; dentro aos assustados
Hóspedes vão ferir com mortais golpes
Não por lhes arrancar os seus inúteis
Tesouros; não porque roubar pretendam
Com uma mão adúltera uma filha
Chorosa à pobre Mãe, que treme em sustos;
Sim, a necessidade de uma fome
Tão cruel que os devora mostra neles
Sufocar qualquer outro sentimento,
Só por que se alimentem por um pouco
De tempo; este era o fim de uma espantosa
Diligência; indo após desta fortuna,
Crueldade não houve, nem suplício,
Que deles o furor não inventasse.

Uma mulher[150] (Ó Deus!) é necessário
Conservar na lembrança a narrativa
Horrenda de uma história tão funesta!
Uma mulher se achou destituída
De um resto de alimento por uns destes
Corações inumanos; dos bens que ela
Viu que a cruel fortuna lhe roubara,
Um filho lhe restava, já propínquo
A expirar, como a Mãe; ela furiosa
Com um punhal na mão chega-se ao filho
Inocente, que os braços lhe estendia;
A infância, sua voz, seus atrativos,

---

[149] *Os Suíços, que estavam em Paris a soldo do Duque de Mayenne, aí cometeram terríveis excessos; é sobre eles somente que cai o nome de bárbaros, e não sobre a sua Nação, por ser esta uma das mais respeitáveis do mundo.*

[150] *Esta história é contada em todas as memórias do tempo. Semelhantes horrores aconteceram também no sítio da Cidade de Sancerre.*

Sua miséria à Mãe enfurecida
Mil lágrimas lhe arrancam; ela volta
Sobre ele então seu rosto perturbado,
Cheio de amor, de raiva, de piedade,
E de pesar; o ferro por três vezes
Se lhe escapa da mão desanimada;
Arrebatou-se enfim dos seus furores,
E com trêmula voz amaldiçoando
O himeneu, e o ter sido ela fecunda:
"Caro filho (lhe diz), tu, que saíste
Destas minhas entranhas desgraçado,
Debalde recebeste a triste vida;
Os tiranos, e a fome bem depressa
Ta roubaram; mas filho, por que é justo
Que vivas? Para errante, e sem ventura
Andares em Paris chorando sempre
Sobre as suas ruínas? Não; morre, antes
De sentires meu mal, e as tuas penas;
Torna-me a vida, e o sangue que te há dado
Tua Mãe; este meu infeliz peito
Te sirva de sepulcro; um novo crime
Veja ao menos Paris em seus trabalhos."
Dizendo estas palavras delirante,
E furiosa, no peito de seu filho
A mão tirana enterra estremecendo
O ferro parricida; para junto
Do fogo ela o corpinho ensangüentado
Conduz, e com o braço, pela sua
Cruel fome impelido, então prepara
Sofregamente a bárbara comida.

Atraídos da fome os impetuosos
Soldados, a guiar tornam seus passos
Para esta habitação toda de horrores:
É deles o transporte semelhante
À alegria cruel, que ocupa os Ursos,
E os Leões, quando caem sobre a presa;
Uns, e outros à porfia vêm furiosos,
E metem dentro as portas; mas que espanto!
Que terror! Junto a um corpo ensangüentado
Se mostra à vista deles perturbada

Uma mulher, de sangue toda imunda:
"Sim, é meu próprio filho, cruéis monstros,
Sois vós que no seu sangue haveis tingido
Minhas mãos; de sustento pois vos sirvam
A Mãe, e o filho, acaso estais receando,
Mais do que eu, ultrajar a natureza?
Que horror eu vejo em vós que assim parece
Vos gela a todos? Tigres, tais regalos
Para vós se dispõem." Este discurso
Insensato, que a cólera lhe inspira,
De um punhal é seguido, que em seu peito
Ela crava: agitados, e confusos
Do horror deste espetáculo, já fogem
Estes monstros cruéis espavoridos;
Não ousam mais olhar para essa casa
Terrível; pensam ver cair sobre eles
Fogo celeste, e o Povo já cansado
De ver o horror fatal do seu destino,
Erguia as mãos ao Céu, pedia a morte.

Até as tendas do Rei foram as queixas;
Seu coração moveu-se, compungiram-se
Suas entranhas; sobre o infiel Povo
Ele se vê chorar: Ó Deus (diz ele)
Deus, que nos corações sempre estás lendo,
Que vês tudo o que eu posso, que conheces
Quanto empreendo; tu és o Juiz da causa
Entre Henrique, e os da Liga; a ti, bem sabes,
Que eu as mãos inocentes erguer posso:
Eu estendia os braços aos rebeldes;
Não caiam sobre mim suas desgraças,
E seus crimes. Mayenne por seu gosto
Estas vítimas há sacrificado,
Ele impute, sequer, tantos desastres
À obrigação precisa; é esta a escusa
Dos tiranos; as penas, as misérias,
Ele faça aumentar de meus Vassalos
Por ele seduzidos; inimigo
Ele é deles, ser Pai a mim me toca,
Alimentar meus filhos me pertence,
E arrancá-los dos lobos devorantes;

O meu Povo deveu aos meus favores
O armar-se contra mim; eu por salvá-lo
Arriscarei perder o meu diadema;
Ele viva, eu o quero; não importa
A que preço; inda mesmo apesar dele,
Salvemo-lo contudo dos que foram,
E são seus verdadeiros inimigos;
E se muita piedade enfim me custa
O meu Império ao menos me contento
Que em meu túmulo possa ler-se um dia:
"Henrique um inimigo generoso
De seus Vassalos, que antes há querido
Vê-los salvos, do que reinar sobre eles."

Falou: e ordena logo[151] se avizinhe
Sem estrondo o exército às muralhas
Da Cidade faminta; que se levem
Aos Cidadãos da paz belos anúncios,
E que, em vez de vingança, só se trate
De benefícios. Prontas obedecem
Ao supremo preceito as suas tropas:
Os muros se guarnecem num instante
De imenso Povo; então se vêem sobre eles
Chegar a passos lentos esses corpos
Inanimados, pálidos, trementes;
Tais, como se fingia em outro tempo,
Que dos Reinos escuros esses Magos
Ao seu mando faziam vir as sombras,
Quando com sua voz eles detinham
Do Cócito as correntes, e chamavam
Os infernos, e as almas vagabundas.

De que excessivo assombro não se ocupam
Estes agonizantes, quando admiram,
Que se apronta a nutri-los ele mesmo,
O inimigo cruel? Atormentados,
Destruídos pelos seus bons defensores,

---

[151] *Henrique IV foi tão bom que permitiu aos seus Oficiais (como diz Mezeray) que mandassem refrescos às Damas, e aos seus amigos antigos; a exemplo dos Oficiais, os soldados o fizeram também.*

Acham nos que os perseguem a piedade;
Todos estes sucessos eles tinham
Por incríveis; os piques formidáveis
Viam diante de si; viam os bronzes,
Instrumentos que são das tiranias
Da sorte; as lanças, sempre condutoras
Do estrago, agora viam que, auxiliando
De Bourbon a vontade generosa,
Nas pontas de um ensangüentado ferro
A vida lhes traziam. "Pois são estes
(Eles dizem) aqueles cruéis monstros?
Este o Tirano aos homens tão terrível?
O inimigo de Deus, que assim nos pintam
De cólera tão cheio? Ah! que é esta
A mais brilhante imagem do Deus vivo;
É um Rei benfeitor, sacro modelo
Dos mais Príncipes; nós viver debaixo
Das suas leis jamais lhe merecemos;
Ele triunfa, e perdoa; a quem o ofende
Ele ama; possa todo o nosso sangue
Firmar o seu poder. Nós muito dignos
Da morte, de que Henrique nos isenta,
Consagremos-lhe o resto desses dias,
Que ele nos há piedoso conservado.

Daqueles corações enternecidos
Esta foi a linguagem: mas quem pode
De um inconstante Povo assegurar-se,
Cuja fraca amizade em vãos discursos
Se dissipa; que algumas vezes se ergue,
Mas que sempre a cair torna de novo!
Os Sacerdotes, esses que mil vezes,
Por meio da eloqüência mais funesta,
Acenderam os fogos, que violentos
Consumiram a França, a este Povo
Humilhado se vão mostrar em pompa.
"Combatentes sem ânimo (lhes dizem)
E Cristãos sem virtude, de que indigno
Encanto vos deixais enganar todos?
As palmas do martírio já vós fracos
Desconheceis? Soldados do Deus vivo,

Quereis antes viver para ultrajá-lo,
Do que morrer por ele? Desde o Empírio
Vos está Deus mostrando as suas c'roas;
Cristãos, não esperemos que um Tirano
Nos haja de perdoar; à sua Seita
Criminosa reunir-nos só pretende;
Com esses pois seus próprios benefícios
Tratemos de o punir; os Templos Santos
Desse seu culto herético salvemos."
Assim é que pregavam: suas vozes
Fanáticas, senhoras do vil Povo,
E terríveis aos Reis, calar faziam
A voz dos benefícios recebidos;
Tornando alguns então à antiga fúria,
Prontamente em segredo se acusavam
De deverem a vida ao grande Henrique.

Por entre estes clamores, e por entre
Estes gritos odiosos, a virtude
Deste Rei até os Céus há penetrado;
Luiz, que velou sempre, nas alturas
Da abóbada divina, sobre a raça
Dos Bourbons, de quem ele era princípio,
Conhece enfim que os tempos caminhavam
A serem já cumpridos, e que o excelso
Rei dos Reis o seu filho adotaria:
Fora do coração lhe lançou logo
Os encantos; a fé enxugar veio
Os seus olhos de lágrimas banhados;
Veio a doce esperança juntamente
Com o amor paternal, que conduziram
Seus passos junto aos pés do Deus Eterno.

É no meio das luzes de um perene,
E puro fogo, que (antes lá dos tempos)
O seu Trono imutável Deus há posto;
Debaixo de seus pés o Céu se forma;
De diferentes astros sempre o curso
Regulado o anuncia ao Universo;
Um Poder, um Amor, à Inteligência
Associados não só, mas divididos,

Compõem a sua essência; na doçura
De uma paz imortal, de uma torrente
De gostos os seus Santos engolfados,
Penetrados não só da sua glória
Mas dele mesmo cheios, à porfia
Adoram sua imensa Majestade:
Em frente dele estão os abrasados
Serafins, a quem ele há cometido
Do Universo os destinos; ele fala,
E vão eles mudar da terra a face;
Das potências do século são eles
Que a raça diminuem, entretanto
Que os humanos, infame jogo do erro,
Dos eternos conselhos sempre acusam
O sublime; por eles se viu Roma
Castigada, e sujeita; aos bravos filhos
Do Norte foi entregue toda a Itália,
Espanha aos Africanos, e a Cidade
Santa aos que de Mafoma o rito seguem;
Todo o Império há caído, todo o Povo
Há tido seus Tiranos; porém esta
Impenetrável, justa Providência
Não deixa prosperar sempre a arrogância;
Sua bondade algumas vezes pende
A inclinar-se aos humanos, e então passa
Dos Reis o Cetro às mãos mais inocentes.

Eis o Pai dos Bourbons já se apresenta
Aos seus olhos, e em meio dos suspiros
Com voz enternecida assim lhe fala:
"Pai do Universo, eu sei que algumas vezes
Honras de uma só vista os Reis, e os Povos;
Olha o Povo Francês como rebelde
Ao seu Príncipe é; se ele quebranta
As tuas leis, por fiel é que assim obra;
Cego pelo seu zelo não atende
Que te desobedece; em só vingar-te
Pensa, quando traidor a ti se mostra;
Vê esse Rei triunfante, que é da guerra
Raio, exemplo, e terror, glória do mundo;
Com tal virtude pois hás tu formado

Seu coração, e agora assim o entregas
Aos laços do erro? É ponto mui preciso
Que obra das tuas mãos a mais perfeita
Ofereça ao seu Deus, ao Deus que adora,
Uma impura, e culpável homenagem?
Ah! se ignorar teu culto o grande Henrique
Por quem o Rei dos Reis quer ou pretende
Ser adorado? Ah! digna-te dar luzes
A um nobre coração, que foi criado
Para te conhecer; um filho à Igreja
Benemérito dá, e um Rei à França;
Dos da Liga obstinados desordena
Os projetos; dá o Príncipe aos Vassalos,
E os Vassalos ao Príncipe; tu podes
Fazer que os corações todos unidos
Tua justiça adorem, e te ofereçam
Um mesmo sacrifício em Paris todos.

De seus rogos o Eterno já se deixa
Penetrar; por palavra, que se digna
Dar-lhe da sua boca, ele o assegura:
À sua voz Divina os mesmos astros
Se abalaram, tremeu com ela a terra,
Os Ligados tremeram; de improviso
Henrique, que nos Céus havia posto
Toda a sua firmeza, bem presume,
Que o Altíssimo por ele se interessa.

De repente a verdade, essa que há muito
Se espera, dos humanos sempre amada,
Muitas vezes porém desconhecida,
Para as tendas do Rei desce da altura
Lá dos Céus; logo um véu espesso a impede
De ser vista de algum; de instante a instante
As sombras, que a escurecem, vão cedendo
À clara luz dos fogos que as dissipa
Pouco a pouco; ela enfim se manifesta
A seus olhos, de a verem já contentes,
Não com falso brilhante, sim com um claro
Esplendor, que já mais não alucina.

Henrique, cujo peito sempre ilustre
Para ela era formado, vê, conhece,
Adora enfim a sua luz eterna;
Com fé confessa já que é muito acima
Do homem a Religião, que ela confunde,
Ela assusta a razão; já reconhece
A Igreja, cá na terra combatida,
A Igreja uma só sempre, dilatada
Por toda a parte; livre, mas debaixo
De um Chefe; enfim a Igreja, que respeita,
Que adora, nos milagres dos seus Santos,
Do seu imenso Deus toda a grandeza.

Cristo por nossas culpas renascida
Vítima, distribuído em um vivente
Sustento aos seus amados, e escolhidos,
Desce sobre os Altares; consternados
De Henrique os olhos, ele então descobre
Debaixo ali do pão, que não existe,
Um Deus Eterno; rende-se obediente
Seu coração, entrega-se aos mistérios
Santos, a seu juízo incompreensíveis.

Luiz neste momento em que completa
Seus desejos, Luiz, na mão trazendo
A oliveira da paz, lá dos Céus desce
Em demanda do Herói, que tanto estima;
Aos muros de Paris vai ele mesmo
A conduzi-lo; os muros abalados
À sua voz se abriram: ele em nome
Do Deus que faz que os Reis a reinar cheguem,
Entra então;[152] os da Liga confundidos,
As armas humilhando aos pés de Henrique,
Com lágrimas os banham; ficam mudos
Os Sacerdotes; pálidos, e cheios
De susto os Dezesseis, em vão procuram

---

[152] *Este bloqueio e esta fome de Paris têm por Época o ano de 1590, e Henrique IV não entrou em Paris senão no mês de março de 1594. Ele se havia feito Católico em julho de 1593, mas foi preciso trazer para aqui estes três grandes acontecimentos, porque se escrevia um Poema, e não uma história.*

Para ocultar-se as grutas mais distantes;
Todo o Povo, mudado neste dia,
O seu Rei verdadeiro reconhece,
Seu vencedor, seu Pai o aclamam todos.

Desde então se admirou feliz, glorioso,
Um reinado que, tendo seu princípio
Tão tarde, tão depressa teve o termo;
O Espanhol assustou-se; justamente
Roma já mitigada, não duvida
Adotar a Bourbon; Roma se há visto
Dele amar-se. A Discórdia tornou logo
A entrar na noite eterna; enfim Mayenne
A um Rei reconhecer foi reduzido;
E já mudado em tudo, submetendo
Seu coração fiel, suas Províncias,
Do mais justo dos Príncipes foi ele
O Vassalo melhor que a França vira.

FIM

Os exemplares originais
da *Henriada*
que permitiram a reprodução
fac-similar que se segue
pertencem ao
sr. Alberto Venancio Filho

HENRIADA

POEMA ÉPICO

por

M. de Voltaire

Traduzido por

THOMAZ DE AQUINO
BELLO E FREITAS

DA UNIVERSIDADE DE COIMBRA

*Reprodução fac-similar
de parte da edição de 1812 da
Imprensa Régia*

HENRIADA.

HENRIADA
POEMA EPICO,
COMPOSTO NA LINGUA FRANCEZA

POR

Mr. DE VOLTAIRE,

Traduzido, e illustrado com varias notas na Lingua Portugueza

POR

THOMAZ DE AQUINO BELLO E FREITAS,

MEDICO FORMADO
PELA UNIVERSIDADE DE COIMBRA.

TOMO I.

NOVA EDIÇÃO.

RIO DE JANEIRO.
NA IMPRESSÃO REGIA.
ANNO M. DCCC. XII.
Com licença.

..... *Incedo per ignes*
Suppositos cineri doloso.

Eu caminho por cima do fogo escondido
debaixo da enganadora cinza.

PREFAÇÃO
DO EDITOR.

Hum dos primeiros Poemas Epicos, que he conhece na Europa, he sem contradicção a Henriada de Monsieur de Voltaire.

Este grande homem, nascido para elevar todos os generos de Poezia ao maior auge da perfeição, soube com dexteridade moderar n'este Chefe d'obra o fogo do seu enthusiasmo, e sujeitallo escrupulosamente ás mais exactas regras da Epopéa, sem prejuiso algum da parte dos ornamentos, e daquellas riquezas de imaginação, qua concilião successivamente a admiração, o amor, e todos os mais sentimentos, de que são capazes as almas sensiveis. N'huma palavra; tudo he grande, maravilhoso, e interessante n'este Poema, o unico, de que se gloría a Nação Franceza. A grandeza do Heróe, e da acção assás memoraveis na historia, fórma a do assumpto; A vivacidade das imagens, a nobreza dos pen-

HENRIADA.

CANTO I.

ARGUMENTO.

Henrique terceiro, unido com Henrique de Bourbon Rei de Navarra contra a Liga, havendo já começado o bloqueio de Pariz, envia secretamente Henrique de Bourbon a pedir socorro a Isabel Rainha de Inglaterra; o Heroe soffreu huma tormenta, e aportando a huma Ilha, n'ella encontra hum velho Catholico, que lhe vaticina a sua mudança de Religião, e a sua subida ao Throno. Descreve-se a Inglaterra, e o seu governo.

EU canto o Heróe, aquelle que na França
reinou, já por direito de conquista,
por lei, e razão de nascimento,

De Isabel o magnifico Palacio.
Só de Mornay seguido, sem mais pompa
Sem o ruido vão, e apparatoso,
De que os Grandes se inflamão, mas que at
Hum Heróe verdadeiro com despreso,
Elle busca a Rainha, elle lhe falla;
Serve a sinceridade de eloquencia;
Elle as necessidades em segredo
Lhe expoem da França, e pelas rogati
Com que seu coração se humilha, e rende
Nas suas submissões sua grandeza
Se deu a conhecer: Que? vós servindo
A Valois! (a Rainha lhe diz logo
Sorprendida) He pois elle quem ás márgen
Do Tamize famoso vos envia?
Vós Protector de vossos inimigos?

---

lo, edificado junto ao Tamize por Guilher
Conquistador, Duque de Normandia.

Por hum, que he seu rival, me roga Henrique?
Das barreiras do Poente até da aurora
Tocar nas portas, inda o mundo falla
Das entre vós duríssimas contendas;
E em favor de Valois eu vejo armar-se
O braço, aquelle braço, que elle mesmo
Tantas vezes temeu? Suas desgraças
(Diz elle) haõ suffocado os nossos odios;
Era escravo Valois; elle há quebrado
Em fim suas cadeas: feliz sempre
Seria, se da minha fé seguro,
Outro encosto, outro alliado não buscasse,
Que a mim, e o seu valor; mas o artificio
Elle sempre empregou, e fingimento;
Meu inimigo há sido por fraqueza,
E por temor, mas eu em fim me esqueço
Da sua falta vendo o seu perigo;
Eu o venci, Senhora, e vou vingallo;
N'esta guerra podeis, grande Rainha,

HENRIADA
POEMA EPICO,
COMPOSTO NA LINGUA FRANCEZA
POR
Mr. DE VOLTAIRE,
Traduzido, e illustrado com varias notas na Lingua Portugueza
POR
THOMAZ DE AQUINO BELLO E FREITAS,
MEDICO FORMADO
PELA UNIVERSIDADE DE COIMBRA.

TOMO II.
NOVA EDIÇÃO.

RIO DE JANEIRO.
NA IMPRESSÃO REGIA.
ANNO M. DCCC. XII.

Com licença.

HENRIADA.

CANTO VI.

ARGUMENTO.

Depois da morte de Henrique III., os Estados da Liga se juntão em Pariz para eleger hum Rei. Em quanto elles se occupão nas suas deliberações, Henrique IV. dá hum assalto á Cidade. A Assemblea dos Estados se separa; aquelles, que a compunhão, vão combater sobre os muros. Descreve-se este combate. Apparição de S. Luiz a Henrique IV.

Uzo antigo, e sagrado se pratica
Entre nós, quando a morte sobre o Throno
Estende o fatal golpe, e então do sangue
Dos Reis, cáros á Patria toda a fonte
Nos ultimos canaes se ha esgotado,

Este livro foi impresso em
São Paulo, em dezembro de 2008,
pela RR Donnelley,
para a Editora Nova Fronteira.
A fonte usada no miolo é Berthold
Bodoni Old Face corpo 9 pt.
O papel do miolo é pólen bold $90g/m^2$,
e o da capa é couche $150g/m^2$.

Visite nosso site:
www.novafronteira.com.br

CIP-BRASIL. CATALOGAÇÃO-NA-FONTE
SINDICATO NACIONAL DOS EDITORES DE LIVROS, RJ

V899h Voltaire, 1694-1778
2.ed. Henriada : a edição de 1812 da Imprensa Régia / Voltaire ; estudo de Sergio Paulo Rouanet ; tradução Thomaz de Aquino Bello e Freitas. - 2.ed. - Rio de Janeiro : Nova Fronteira, 2008.

Tradução de: La Henriade
Conteúdo parcial: A *Henriada* no Brasil / Sergio Paulo Rouanet

ISBN 978-85-209-2255-2

1. Henrique IV, rei da Inglaterra, 1367-1413 - Poesia. 2. França - História - Século XVI - Poesia. 3. Poesia épica francesa. I. Rouanet, Sergio Paulo, 1934-. A *Henriada* no Brasil. II. Freitas, Thomaz de Aquino Bello e. III. Título.

CDD: 841
CDU: 821.133.1-1